昭和歌謡選集

秋川 久紫
Akikawa Kyushi

[Limited Edition]

昭和歌謡選集

秋川　久紫

目次

♮原詞♮

♭昭和歌謡をめぐる雑文♭

線香花火の遺り火を咥え、恋のひと夏を迸り、愛のひと冬を蹲る。そして、昭和の巷に降り立った伝道師は、打ち棄てられた廃園で極上のフーガを奏で、抱え切れない華を贈り、幸せを幻視する少女らや純情な恋人たちのために、大好きな人と踊れる甘い時間と、誰も知らないとびっきりの終幕を用意するのだ。

♯カヴァー詞♯

陽かげりの街♪（一九七五年）

陽かげりの　ビル街に堕ちて
偽りの　温もりを配り
繋ぐ手の　奇跡さえ
謀《はかりごと》　だと　想う
欠けたグラス　笑って並べ
疎らな　闇夜に　かしづく

哀しい　獣たちの夢と
寂しい　迷い子らの野望
詐術の森を　抜けて
まやかしの海に　遊ぶ
酒瓶倒し　ラベルを剥いで
宥める　闇夜に　抗う

ああ　処世を撃ち抜いても
この身の渇き　続くだろう

黄金色の　街を照らし
裸の心が　今　眠る
裸の心が　ただ眠る

［原詞：杉山政美／麻生香太郎］
［作曲：ヘンリー広瀬］

†昭和をめぐるオリジナル詩†

反骨

曇天の下　出涸らしの
ポスターがゆるやかに虚空を流れ
愚鈍な魂は　木々に
絡みつき　路上には妙に
明るい女の声と　ひたすら
怠惰なビルとが咲き乱れ
街は果てしなく
行けども行けどもひび割れていた

人よ　蝕まれた
風景を抱いたまま
出来るだけ高邁に
眠れ　眠れずとも
嗤え

シニシズムに凭れかかりて
生真面目に爆弾を用意
することもなく　気楽に
生きよ！

（詩集『花泥棒は象に乗り』より）

熱風

夏
狂い咲きの
まばゆい乱反射のうねりに
正体を失いながらも
なお
彩度を増していく
生長の只中の
植物の群れ

愁いの森に
やって来た少女は
遠い昔に
影を失くしてしまった男の
鮮やかな
跳躍の記憶を

さらりと
首にかけ
弾力に満ちた光の束を
そっと手に取っては
注意深く
樹幹に結ぶ

その男が
目論んだのは
下剋上ではなく
ただ一心に天空を昇っていくような
跳躍だったが
そこに
一片の官能が含まれていたとして
誰に
その男の優美な影を
切り刻むことが出来るのだろう

その少女が

彼方に送る熱風は
愁いの森を越え
愛しき湖水を撫でて
乱反射の夏を
補完する

（詩集『麗人と莫連』より）

風紋

生業が、人の生にもたらすバイアス。それは、まるで低温火傷のように痛みの識覚すらないままゆっくりと一つの個を侵食していくかに見える。だが、それは侵食というよりむしろ形成なのだ。個の解体と再編成を繰り返すことによって得られる強化への兆し。それこそが侵食の正体であり、そもそもバイアスとは無自覚に形成された抗体の表層に生じた淡い風紋に過ぎないのだ。

ただし。その抗体は、例えば一瞬の花火が個にもたらすもう一つの鋼の如きバイアスを、ついに凌駕することが出来ない。

（詩集『麗人と莫連』より）

パレード

あの時、雑居ビルの一角の音楽室に何を忘れて来たのか、どうしても想い出すことが出来ない。それは巨大なベッドだったようにも思えるし、弯曲した線路の断片であったような気もするのだが、本当は緋色のカチューシャだったのだと言われると、俄にそれを否定することが出来ない。そこにはいつも白痴の女が蹲っていて、時折、ジルバを踊るようなしぐさをして見せるのだが、この辺りに女の素性を知る者はなく、女の過去や未来を敢えて覗き視してみようと考える者も存在しない。さしあたって言えるのは、仮に今ここで、マリンバやスネアドラムの上で寝そべったり、バク転をしたりして遊ぶ音符たちを密かに拐《かどわ》かそうと試みたとしても、恐らく芳しい成果は得られないであろう、ということだ。

女はまるでそれが唯一の仕事なのだ、といった風情で脚を組み直し続けている。

通い路は迷い路。枯れ枝は極彩色の装いを凝らし、火吹き男はモノトーンの薄衣を纏って天空を突く。やがて夜が脆《もろ》くなり、徐々に輪郭を失い始めると、埃まみれになって朽ち果てた五線譜ですら、気品を湛えた忘れ形見に変貌してしまう。ピアノの旋律が生殖の苦悩を、ウッドベースの嗄れ声が崩壊の心地良さを奏でるためにあるとしたら、クラリネットの気紛れは一体何を賞賛するためにあるのだろうか。数奇者の黒猫と破滅型の白猫が織り成す諍いの市松格子。聖者が聖者で無くなる瞬間、ポップコーンのように弾き返される葛藤を閑かに抱き寄せながら、いつしか重たい扉が僅かに開き、虚無と眠りたがる凡庸な煽動者がこの打ち棄てられた部屋に紛れ込むのをただ辛抱強く待つしかないのだろう。

（詩集『戦禍舞踏論』より）

パラダイス

艶やかに拡がる赤い砂の渦が不断の揺らぎを見せる。有機と無機の境界に佇み、扁壺の形態をいとおしむ束の間、ただ忘却の湖を超えていくために営まれる祭礼。辛子色の空の下、何物にも犯されることのない気韻の抗体が、罪過の因子を従えて跳躍していく。反動の形態がどれだけ精緻なものであろうとも、試験管の如き（五爪二角の黄龍と踊り明かすための）秘密クラブに通うことと、父性に庇護されて（宝相華のリフレインに彩られた）日々を営むことは、どうしたってパラレルにならざるを得ないのだ。

戦意を持つということは、時に新たな出会いの切れ端や仄かな想念の余韻すら制していくことでもある。それは、バケツの中の汚水を頭から被ることによって、あるいは思想犯の眠る牢獄から緑色のカラスを解き放つことによって、辛うじて顕在化が許されるような性格のものだ。しどけなく、当て所ないもの。残された手掛かりは、煉瓦のビルの一室で慈愛を育むためにつくられたパスタの茹で具合のみ。せめて、このガラスのティーポットから熱い衝動が流れ出すことだけは阻止しておかなければならない。

遙か堆《うずたか》く積まれたフィルムや印画紙、あるいはテラバイトのハードディスクを〈淡い夢〉や〈鉛の葛藤〉や〈リズミカルな情感〉の束に変換していく営為の全てが徒労という訳ではないだろう。もちろん、そこにいくつかの改行を加えていかなければ、マーマレードの海原を遊泳しているような陽だまりの季節は訪れない。驟雨は恋人たちの小さな軋轢の集積によって、満月は石畳に並べられた小魚の些細な願いによってもたらされる。僥倖だけが世界を創る。そして多くを棄てた時、人は初めて花に囲まれる。

（詩集『戦禍舞踏論』より）

罪過の顔料

ここでは吹き矢は元より、ルージュも手榴弾もまるで効かない。あらゆる事象が渇き過ぎていて、黄葉《こうよう》の儚さに乗じて過失の相殺処理をすることすら覚束ない。たとえ乱世にあっても、毒針で愛を育む企みを冷笑するような輩が、朱色のショールを纏っていてはいけないのだ。征夷大将軍とその側女たちが悉く行方を眩ました後も、過去を蒸留し、気配を薄めている者たちを遍く束ねて、軍議は続く。アレグレット。木枯らしが小ぶりな心臓に悪さをしでかす前に、いっそ手鞠になって向こう岸に転がっていってしまおうか。

例えば、嘲弄の表情を湛えた如何にも怪しい陶磁器があったら、そこに詐欺・脅迫・錯誤の要素を読み取ることは容易であろうが、残念ながら大抵の陶磁器は白く眩い。

心優しい者なら、高層ビルの断面が本当はサーモンピンクになっていることを知っているはずだ。ただ一度しか訪れない狂気に苛まされたことがあるなら、なおのこと。

（詐害行為がもたらす）鉛の渦と（不当利得に誘われた）ベンガラの沈殿から（悋気の焔を対償とする）罪過の顔料を作ってみよう。アンダンテ。呻吟の末、沸点を超克した辺りから悠然と薄汚れた白壁に対峙し、一気呵成に深紅の龍を描く。合戦において矢面に立つことと、報われぬ想いに身を焦がすことに本質的な差異はない。色恋の渡世は赤字決算を原風景としているように見えて、その実、債権・債務の混同による消滅が常時繰り返される中、月が傾くようにただ欠落したものだけが強調されているに過ぎないのだ。

（詩集『戦禍舞踏論』より）

不連続パラダイム

権利者と占有者が揃って失踪したのち、その矩形の部屋では、夕闇が巷間の輪郭を際立たせる頃合いを見計らって、心療に託《かこつ》けた後ろ暗い取り調べが始められる。約束はどこまでも遠く、仮縫いは決して甘えを許さないから、〈怨嗟による断絶〉ですら破砕していく裏稼業を〈歴史の正統〉に変転させる呪文を唱えてみよう。あらゆる隠れ家は手練手管を駆使した処置室に過ぎない。そのカラクリを明察してしまった以上、シナモンを抽出した精油の中に心を浸し、やがて検非違使に踏み込まれることを知覚しながら、ここで黒衣の修道女との怪しげな指相撲に耽っても一向に構わないはずだ。

ロジックなら容易く色彩に変換できる。それらの色彩を無作為に混ぜ合わせ、あるいは規則的に組み合わせて、一つの抽象絵画にしていくことを〈思想〉と呼ぶらしい。その制作の課程で、人は時にシャンパンの湖に身を横たえ、殺戮のブルースを聴く。

ただ独り官能の浮世を流浪し続けて来た者だけに、無謬の凪が訪れる。ゆえに、荒れ模様を告げる神界予報や、ありふれた化学薬品などに安易に身を委ねてはならない。雷雨は仕舞いに〈標本化不能〉を語り、暴風は〈証拠不十分〉を旗印とするだろう。

戦禍をくぐり抜け、決死の思いで辿り着いた聖地にもデッドリンクがある。細見《さいけん》に記されているにもかかわらず、実在しない傀儡子《くぐつ》の行方を追ってみたいと願うなら、まずは天を仰ぎ、嫋《たお》やかに〈七拍子の音曲〉を奏でてみることだ。あるいはできるだけ多くの不連続な傍証を集め、雨宿りに適した軒下を探した上で、ただ嬰児のように眠ってみることだ。私淑する看護師の名を明かすことなく、卓越した技量を披瀝することで、詐術の如き〈慰安の舞台〉は厳かに幕を閉じる。そして、この矩形の部屋を黙って観覧車に替えることができた時、咎を赦す者が現れ、眩い王国をなすに違いない。

（詩誌『ｔａｂ』第３７号所収）

副都心パラドックス

誤って迷い込んだ妖狐の館から逃れるために、不動明王にどれだけの黄葉《もみじ》を払ったのかは覚えていない。深傷を負わずに難所を切り抜けるために、何も〈稲妻の機転〉とか〈白蛇の制御〉が絶対不可欠と言うほどのこともないだろう。官能の黒地図をどれだけうまく塗り分けたところで、所詮、陰惨な鼓笛隊の行進を止めることなどできないのだから、何時だってスマートに季節を手渡す術くらいは心得ておいた方がいいだろう。悪計の姉だと名乗っていた頃の悦楽とは良く馴染んだものだが、当の悪計が留置所に入るなり、実は「妹だったのよ」と告白された時にはさすがに参ってしまった。

百鬼たちと夜ごとの乱舞を続けていくことと、〈与件としての枳《からたち》〉を黙って受容することは、どこまでも等質であり、なおかつ奇蹟と見紛うばかりに等価だ。それは、性格俳優の平泳ぎとレントゲン技師の咳払いほどにも近しく、理不尽と互角の強度を備える。

歌舞伎町の路上では、邪気が行き倒れたり、無垢が不用意に発砲したりしないよう、安穏の天使たちが『喧嘩上等』を演目に取り上げようとしている。果実から元本へと変貌を遂げた手負いの妖狐が、その間隙を縫うように、正当な貴人として通り過ぎていく。

時代の遺書には「できることなら、訓読みの名前で呼んで欲しかった」とあるが、執行人は長く行方をくらましたままだ。この街で普賢菩薩に出会い、二度と訪れることのない至福のひとときを過ごしたことは誰にも話していない。それは、ミントティーを浮かべた骨壺の内側から森羅万象を眺めるような刹那であり、あるいは憂いをたたえた大鷲となって日月星辰に甘えるような白昼夢だった。この街の売り物は、〈美装〉と〈悔恨〉とギブスくらいしかないのだから、漆黒のメッセンジャーバッグに赤いカラスを忍ばせておくようにでもしないと、往来を自由に歩くことすらままならない。

（詩誌『ｔａｂ』第３６号所収）

原詞

①恋のフーガ♪（昭和四十二年八月）

追いかけて　追いかけて
すがりつきたいの
あの人が　消えてゆく
雨の曲り角
幸せも　想い出も
水に流したの
小窓打つ　雨の音
ほほぬらす涙

はじめから　結ばれない
約束の　あなたと私
つかのまの　たわむれと
みんなあきらめて
泣きながら　はずしたの
真珠の指輪を

はじめから　結ばれない
約束の　あなたと私
かえらない　面影を
胸に抱きしめて
くちづけを　してみたの
雨のガラス窓

［作詞：なかにし礼］
［作曲：すぎやまこういち］

②虹色の湖♪（昭和四十二年十月）

幸せが　住むという
虹色の　湖
幸せに　会いたくて
旅に出た　私よ
ふるさとの　村にある
歓びも　忘れて
あてもなく　呼びかけた
虹色の　湖

さよならが　言えないで
うつむいた　あの人
ふるさとの　星くずも
濡れていた　あの夜
それなのに　ただ独り
ふりむきも　しないで
あてもなく　呼びかけた

虹色の　湖

虹色の　湖は
まぼろしの　湖
ふるさとの　思い出を
噛みしめる　私よ
帰るには　おそすぎて
あの人も　遠くて
泣きながら　呼んでいる
まぼろしの　湖

［作詞：横井　弘］
［作曲：小川寛興］

③いいじゃないの幸せならば♪

（昭和四十四年七月）

あのときあなたと　くちづけをして
あのときあの子と　別れた私
つめたい女だと　人は云うけれど
いいじゃないの　幸せならば

あの晩あの子の　顔も忘れて
あの晩あなたに　抱かれた私
わるい女だと　人は云うけれど
いいじゃないの　今が良けりゃ

あの朝あなたは　煙草をくわえ
あの朝ひとりで　夢みた私
浮気な女だと　人は云うけれど
いいじゃないの　楽しければ

あしたはあなたに　心を残し

あしたはあなたと　別れる私
つめたい女だと　人は云うけれど
いいじゃないの　幸せならば

［作詞：岩谷時子］
［作曲：いずみたく］

④翼をください♪（昭和四十六年二月）

いま私の願いごとが
かなうならば　翼がほしい
この背中に　鳥のように
白い翼つけてください
この大空に　翼をひろげ
飛んで行きたいよ
悲しみのない　自由な空へ
翼はためかせ　行きたい

いま富とか名誉ならば
いらないけど　翼がほしい
子供の時　夢見たこと
今も同じ　夢に見ている
この大空に　翼をひろげ
飛んで行きたいよ
悲しみのない　自由な空へ

翼はためかせ　行きたい

［作詞：山上路夫］

［作曲：村井邦彦］

⑤また逢う日まで♪（昭和四十六年三月）

また逢う日まで　逢える時まで
別れのそのわけは　話したくない
なぜかさみしいだけ
なぜかむなしいだけ
たがいに傷つき　すべてをなくすから

ふたりでドアをしめて
ふたりで名前消して
その時心は何かを話すだろう

また逢う日まで　逢える時まで
あなたは何処にいて　何をしてるの
それは知りたくない
それはききたくない
たがいに気づかい　昨日にもどるから

ふたりでドアをしめて
ふたりで名前消して
その時心は何かを話すだろう

ふたりでドアをしめて
ふたりで名前消して
その時心は何かを話すだろう

［作詞：阿久　悠］
［作曲：筒美京平］

⑥さらば恋人♪（昭和四十六年五月）

さよならと書いた手紙
テーブルの上に置いたよ
あなたの眠る顔みて
黙って外へ飛びだした
いつも　幸せすぎたのに
気づかない　二人だった
冷たい風にふかれて
夜明けの町を　一人行く
悪いのは　僕のほうさ
君じゃない

ゆれてる汽車の窓から
小さく家が見えたとき
思わず胸にさけんだ
必ず帰って来るよと
いつも　幸せすぎたのに

気づかない　二人だった
ふるさとへ帰る地図は
涙の海に　捨てて行こう
悪いのは　僕のほうさ
君じゃない

いつも　幸せすぎたのに
気づかない　二人だった
ふるさとへ帰る地図は
涙の海に　捨てて行こう
悪いのは　僕のほうさ
君じゃない

［作詞：北山　修］
［作曲：筒美京平］

⑦終着駅♪（昭和四十六年十二月）

落葉の舞い散る　停車場は
悲しい女の　吹きだまり
だから今日もひとり　明日もひとり
涙を捨てにくる

真冬に裸足は　冷たかろう
大きな荷物は　重たかろう
なのに今日もひとり　明日もひとり
過去から逃げてくる

一度離したら　二度とつかめない
愛という名のあたたかい
心の鍵は

最終列車が　着く度に
よく似た女が　降りてくる

そして今日もひとり　明日もひとり
過去から逃げてくる

肩抱く夜風の　なぐさめは
忘れる努力の　邪魔になる
だから今日もひとり　明日もひとり
過去から逃げてくる

一度離したら　二度とつかめない
愛という名のあたたかい
心の鍵は

最終列車が　着く度に
よく似た女が　降りてくる
そして今日もひとり　明日もひとり
過去から逃げてくる
そして今日もひとり　明日もひとり
過去から逃げてくる

［作詞：千家和也］
［作曲：浜　圭介］

⑧喝采♪（昭和四十七年九月）

いつものように幕が開き
恋の歌うたうわたしに
届いた報らせは
黒いふちどりがありました

あれは三年前　止めるアナタ駅に残し
動き始めた汽車に　ひとり飛び乗った

ひなびた町の昼下がり
教会のまえにたたずみ
喪服のわたしは
祈る言葉さえ　失くしてた

つたがからまる白い壁
細いかげ長く落として
ひとりのわたしは

こぼす涙さえ忘れてた
暗い待合室　話すひともないわたしの
耳に私のうたが　通りすぎてゆく

いつものように幕が開く
降りそそぐライトのその中
それでもわたしは
今日も恋の歌　うたってる

［作詞：吉田　旺］
［作曲：中村泰士］

⑨古い日記♪（昭和四十九年二月）

あの頃は　ふたり共
なぜかしら　世間には
すねたような　暮らし方
恋の小さなアパートで

あの頃は　ふたり共
なぜかしら　若さなど
ムダにして　暮らしてた
恋のからだを　寄せ合って

好きだったけど
愛してるとか
決して　決して　云わないで
都会のすみで
その日ぐらしも
それはそれで　良かったの

あの頃は　ふたり共
他人など　信じない
自分たち　だけだった
あとは　どうでもかまわない

あの頃は　ふたり共
先のこと　考える
暇なんて　なかったし
愛も大事に　しなかった

好きだったけど
愛してるとか
決して　決して　云わないで
都会のすみで
その日ぐらしも
それはそれで　良かったの

あの頃は　ふたり共

雨の日は　雨にぬれ
今よりも　さりげなく
恋と自由に　生きていた

［作詞：安井かずみ］
［作曲：馬飼野康二］

⑩ひと夏の経験♪（昭和四十九年六月）

あなたに女の子の一番
大切なものをあげるわ
小さな胸の奥にしまった
大切なものをあげるわ

愛する人に　捧げるため
守ってきたのよ
汚れてもいい　泣いてもいい
愛は尊いわ

誰でも一度だけ　経験するのよ
誘惑の甘い罠

あなたに女の子の一番
大切なものをあげるわ
綺麗な泪色に輝く

大切なものをあげるわ
愛する人が　喜ぶなら
それで倖せよ
こわれてもいい　捨ててもいい
愛は尊いわ

誰でも一度だけ　経験するのよ
誘惑の甘い罠

［作詞：千家和也］
［作曲：都倉俊一］

⑪甘い生活♪（昭和四十九年十月）

あなたと揃いの　モーニング・カップは
このまま誰かにあげよか
二人で暮すと　はがきで通知を
出した日は帰らない
愛があればそれでいいと
甘い夢をはじめたが
今では二人からだ　寄せても愛は哀しい
何かがこわれ去った　ひとときの甘い生活よ

土曜の夜には　あなたを誘って
町まで飲みにも行ったよ
なじみのお店も　この町はなれりゃ
もう二度と来ないだろ
壁の傷はここにベッド
入れた時につけたもの
今ではそんなことも　心に痛い想い出

何かがこわれ去った　ひとときの甘い生活よ
今では二人からだ　寄せても愛は哀しい
何かがこわれ去った　ひとときの甘い生活よ

［作詞：山上路夫］
［作曲：筒美京平］

⑫時の過ぎゆくままに♪（昭和五十年八月）

あなたはすっかり　つかれてしまい
生きてることさえ　いやだと泣いた
こわれたピアノで　想い出の歌
片手でひいては　ためいきついた

時の過ぎゆくままに　この身をまかせ
男と女が　ただよいながら
堕ちてゆくのも　しあわせだよと
二人つめたい　からだ合わせる

からだの傷なら　なおせるけれど
心のいたでは　いやせはしない
小指に食い込む　指輪を見つめ
あなたは昔を　思って泣いた

時の過ぎゆくままに　この身をまかせ

男と女が　ただよいながら
もしも二人が　愛せるならば
窓の景色も　かわってゆくだろう

時の過ぎゆくままに　この身をまかせ
男と女が　ただよいながら
もしも二人が　愛せるならば
窓の景色も　かわってゆくだろう

［作詞：阿久　悠］
［作曲：大野克夫］

⑬陽かげりの街♪（昭和五十年十月）

陽かげりの街には今日も
ゆきずりの愛に誰か泣き
はぐれ鳥帰るとき
空は悲しみ色に
どうぞすぐに帰って下さい貴方
私の心に

名もない　男たちの汗と
名もない　女たちの夢が
なくしかけた　なにかを
想いださせてくれる
すてたはずの　あの日の愛が
なぜかまぶしく　よみがえる
ああ　あなたに逢いたいけど
流れて今日も行くだろう
こんな小さな街を染めて

しずかに朝日が　今昇る
しずかに朝陽が　今昇る

［作詞：杉山政美／麻生香太郎］
［作曲：ヘンリー広瀬］

⑭硝子坂♪（昭和五十二年二月）

悲しいのでしょうと　夢の中
見知らぬ人の問いかけに
声もだせずに　うなずいて
それはあなたが　やっぱり好きだから
いじわるなあなたは　いつでも坂の上から
手招きだけを　くりかえす
私の前には　硝子坂
きらきら光る　硝子坂

行けるのでしょうかと　夢の中
見知らぬ人に訪ねては
涙こぼして　横向いて
それもあなたが　やっぱり好きだから
いじわるなあなたは　いつでも坂の上から
手招きだけを　くりかえす
私の前には　硝子坂

きらきら光る　硝子坂

とうとう来たねと　夢の中
うれしいはずの問いかけに
何故かすなおに　なれなくて
それはあなたの　せいだと言えないわ
いじわるなあなたが　たたずむ坂に向かって
さよならの　手を振るつもり
きらきら飛び散る　硝子坂
きらきら消えた　硝子坂

［作詞：島　武実］
［作曲：宇崎竜童］

⑮UFO♪（昭和五十二年十二月）

手を合せて見つめるだけで
愛し合える話も出来る
くちづけするより甘く
ささやき聞くより強く
私の心をゆさぶるあなた

ものいわずに思っただけで
すぐあなたにわかってしまう
飲みたくなったらお酒
眠たくなったらベッド
次から次へとさし出すあなた

信じられないことばかりあるの
もしかしたらもしかしたら　そうなのかしら
それでもいいわ　近頃少し
地球の男に　あきたところよ

でも私は確かめたいわ
その素顔を一度は見たい
鏡にうつしてみたり
光をあててもみたり
それでもあなたは普通のあなた

あゝ突然　オレンジ色の
あゝ光が私をつつみ
夢みる気持にさせて
どこかへさらって行くわ
やっぱりそうなの素敵なあなた

信じられないことでしょうけれど
嘘じゃないの嘘じゃないの　ほんとのことよ
それでもいいわ　近頃少し
地球の男に　あきたところよ

［作詞：阿久　悠］
［作曲：都倉俊一］

⑯かもめが翔んだ日♪

（昭和五十三年四月）

ハーバーライトが朝日に変わる
そのとき一羽のかもめが翔んだ

ひとはどうして哀しくなると
海をみつめに来るのでしょうか
港の坂道駆けおりる時
涙も消えると思うのでしょうか
あなたを今でも好きですなんて
いったりきたりのくりかえし
季節はずれの港町
ああ　わたしの影だけ
かもめが翔んだ　かもめが翔んだ
あなたは一人で生きられるのね

港を愛せる男に限り
悪い男はいないよなんて

わたしの心をつかんだままで
別れになるとは思わなかった
あなたが本気で愛したものは
絵になる港の景色だけ
潮の香りが苦しいの
ああ　あなたの香りよ
かもめが翔んだ　かもめが翔んだ
あなたは一人で生きられるのね

かもめが翔んだ　かもめが翔んだ
あなたは一人で生きられるのね

［作詞：伊藤アキラ］
［作曲：渡辺真知子］

⑰さらばシベリア鉄道♪（昭和五十五年十一月）

哀しみの裏側に何があるの？
涙さえも氷りつく白い氷原
誰でも心に冬を
かくしてると言うけど
あなた以上冷ややかな人はいない

君の手紙読み終えて切手を見た
スタンプにはロシア語の小さな文字
独りで決めた別れを
責める言葉探して
不意に北の空を追う

　伝えておくれ
　十二月の旅人よ
いつ……いつまでも待っていると

この線路の向うには何があるの？
雪に迷うトナカイの哀しい瞳
答えを出さない人に
連いてゆくのに疲れて
行き先さえ無い明日に飛び乗ったの

ぼくは照れて愛という言葉が言えず
君は近視まなざしを読みとれない
疑うことを覚えて
人は生きてゆくなら
不意に愛の意味を知る

伝えておくれ
十二月の旅人よ
いつ……いつまでも待っていると

［作詞：松本　隆］
［作曲：大瀧詠一］

⑱もしも明日が…。♪

（昭和五十八年十二月）

もしも　あしたが晴れならば
愛する人よ　あの場所で
もしも　あしたが雨ならば
愛する人よ　そばにいて
今日の日よ　さようなら
夢で逢いましょう
そして　心の窓辺に
灯ともしましょう
もしも　あしたが風ならば
愛する人よ　呼びにきて

もしも　季節が変ったら
愛する人よ　あの歌を
もしも　手紙を書いたなら
愛する人よ　逢いにきて
今日の日を　想い出に

そっと残しましょう
そして　心の垣根に
花を咲かせましょう
もしも　涙がこぼれたら
愛する人よ　なぐさめて

もしも　あしたが晴れならば
愛する人よ　あの場所で
もしも　あしたが雨ならば
愛する人よ　そばにいて

愛する人よ　そばにいて

［作詞：荒木とよひさ］
［作曲：三木たかし］

⑲ミ・アモーレ♪（昭和六十年三月）

あなたをさがしてのばした指先が
踊りの渦にまかれてく
人ごみに押されて

リオの街はカーニバル
銀の紙吹雪
黒いヒトミの踊り子
汗を飛びちらせ
きらめく羽根飾り

魔法にかかった異国の夜の街
心にジュモンを投げるの
ふたりはぐれた時　それがチャンスと

迷い　迷わされて　カーニバル
夢ね　夢よだから　今夜は

誘い　誘われたら　カーニバル
腕から腕の中　ゆられて
抱いて　抱かれるから　カーニバル
キスは命の火よ　アモーレ

パレードの向こうにあなたを見つけたわ
夢からさめていくように
立ちつくす街角

空に割れて飛ぶ花火
サンバのリズムが
一千一秒　ときめきを
ムダにしないでって　そう告げるの

踊り　踊らされて　カーニバル
光の輪の中で　あなたを
もとめ　もとめられて　カーニバル
この手につかまえて　アモーレ

迷い　迷わされて　カーニバル
しっかり抱いていて　私を
誘い　誘われたら　カーニバル
心がすり抜けて　ゆくから
抱いて　抱かれるから　カーニバル
キスは命の火よ　アモーレ……

アモーレ（Meu amor e…）
アモーレ（Meu amor e…）
アモーレ

［作詞：康　珍化］
［作曲：松岡直也］

⑳六本木純情派♪（昭和六十一年十月）

You've broken my heart
雨の高速で
クルマを飛び出したの　Parking Area

Just get down the night
街のピンナップボーイが
飽きもせずに傘さしかけるわ

優しくしないで
振り向いたら泣き出しそうなの

Who are you…
迷子たちの六本木
胸のすき間涙でうめてる

Who are you…

遊び馴れた六本木
純情ゆらすのよ　Boogie Woogie

What wonderful night
閉じたシャッターに
知らない子と並んでもたれた

I'm crazy about you
かなり嘘くさい
甘いささやき　ちょい泣かせるね

どこかあのひとに
ワル気《げ》な瞳《め》が似てるのよ　あなた

Who are you…
涙声で六本木
私見かけだおしで　ごめんね

Who are you…

ほろりさせて六本木
あなたいいひとだね　Lonesome Boy
優しくしないで
振り向いたら泣き出しそうなの

Who are you…
迷子たちの六本木
胸のすき間涙でうめてる

Who are you…
遊び馴れた六本木
純情ゆらすのよ　Boogie Woogie

［作詞：売野雅勇］
［作曲：吉実明宏］

♭昭和歌謡をめぐる雑文♭

①恋のフーガ♪（一九六七年＝昭和四十二年八月）

自分は元々、ザ・ピーナッツの現役時代をほとんど知らないため、彼女たちに対して、さしたる思い入れがある訳ではないが、この曲は「恋のバカンス」（岩谷時子作詞／宮川泰作曲／一九六三年）や「情熱の花」（音羽たかし・水島哲作詞／ベートーベン作曲／一九五九年）などと並んで、やはりこの双子のデュオを代表する曲と言っていいのではないだろうか。

作詞者であるなかにし礼（一九三八年～）は、出身学部が違うものの、立教大学の先輩にあたることもあり、長いこと畏敬と親しみを持って、その創作（主に歌詞と小説）に接して来た。一九七八年にそのなかにしが「時には娼婦のように」を作詞・作曲し、先行発売された黒沢年男版に続いて自らも歌った時、そのやや露悪的でエロティックな歌詞ゆえに、嫌悪感・拒絶感の方が先に立ってしまい、未だ高校生だった自分はこれを素直に受け容れることが出来なかったが、今はその「バカバカしい人生より／バカバカしいひとときがうれしい」というアンダーグラウンドの境地が良く理解出来る。人は皆、多かれ少なかれ、時にそのような〈小さな悪事〉に逃げ込むことでしか精神のバランスを取ることが出来ないような強いストレスを抱えて、疲弊し、自らを摩耗させながら生きていかざるを得ない存在だからだ。加えて、この曲の唯一の理解者であったとされる吉田拓郎のプロデュースの元、当時台頭していたニューミュージック全盛の音楽界に対するアンチテーゼとして創られた（らしい）という成立経緯も、そのポルノまがいの内容ゆえに放送禁止・放送制限を受けたというエピソードも非常にスリリングで面白いし、その反骨精神の顕現に拍手したいという想いがある。

そのなかにしが、これまでに作詞した曲をまとめて聴くことが出来るというので、七年程前に三枚組の企画アルバム『なかにし礼アンソロジー／昭和忘れな歌』（二〇〇四年）を購入したのだが、その一枚目の「エロティック・シネマティック」と題された選集の冒頭に掲げられていた曲が他ならぬこの「恋のフーガ」である。言うまでも無く、なかにしはその他にも、黛ジュンの「天使の誘惑」（一九六八年）、奥村チヨの「恋の奴隷」（一九六九年）、弘田美枝子の「人形の家」（同年）、ピーターの「夜と朝のあいだに」（同年）、いしだあゆみの「あなたならどうする」（一九七〇年）、由紀さおりの「手紙」（同年）、（初代ヴォーカル＝前野耀子時代の）ペドロ＆カプリシャスの「別れの朝」（一九七一年／訳詞）、北原ミレイの「石狩挽歌」（一九七五年）、細川たかしの「心のこり」（同年）、「北酒場」（一九八二年）など、それこそ第二次高度経済成長期（一九六五年〜一九七三年）以降の昭和の一時代を象徴し、代表するような傑出した詞を数多く書いている訳だが、それらの中で自分が最もお気に入りの一曲を選ぶとすれば、やはり傑出したインパクトと完成度を持つこの曲になってしまう。

原詞には第一連と第三連に雨の風景が描かれており、これは実際の情景でありながら「ほほぬらす涙」（第一連末尾）とある通り、心の中で泣いている主人公の心象風景を表すものでもあるのだろう。第三連末尾の「くちづけを　してみたの／雨のガラス窓」の部分では「あの人」の温かい唇と冷たい無機物のガラス窓を対比させており、そこに雨が重ねられることで、より悲しみを増幅させる余情の効果が認められる。また、原詞の第二連あるいは第三連の冒頭部分にある「はじめから　結ばれない／約束の　あなたと私」という部分を読むと、この曲が実は不倫をモチーフにしたものであることが分かる。金井克子の「他人の関係」（一九七三年）、大川栄策の「さざんかの宿」（一九八二年）、竹内まりやの「マンハッタンキッス」（一九九二年）や「純愛ラプソディ」（一九九四年）、JUJUの「この夜を止めてよ」（二〇一〇年）など、過去にヒットした流行歌の中には不倫をモチーフとした曲が数多くあり、それは言うまでもなく昭和の時代だけに特有のものではない。皆それぞれの時代ごとに、様々な形で主に女性の主人公の不完全燃焼の想いが歌われている訳だが、「幸せも　想い出も／水に流したの」（第一連）「つかのまの　たわむれと／みんなあきらめて」（第二連）「かえらない　面影を／胸に抱きしめて」（第三連）という部分を読むと、昭和の時代ならではの男性にとって都合のいい〈黙ってじっと耐え忍ぶ受動的な女性〉の姿が描かれており、現在から見るとやや古めかしさを感じさせてしまう所があるのは、ある意味で致し方ないとも言える。例えば平成時代に入り、バブル経済の崩壊後に作られた竹内まりやの「純愛ラプソディ」の主人公の場合、ただ黙って耐えたり、悲しみに打ち拉がれたりしている訳ではない。「人をこんなに好きになり／優しさと強さを知ったわ　それだけで幸せ」（第二連末尾）とか「形では愛の深さは測れない／さよならが永遠の絆に変わることもある」（第三連冒頭）というように、そこにポジティブで能動的な視点が入っており、別離の事実に詠嘆を重ねるだけで終わっていない。その意味において本曲の詞は昭和時代の限界を示しているのだが、それは第二次高度経済成長期における右肩上がりの経済環境と圧倒的に男性が優位にあった社会背景を反映したものであり、恐らくなかにしとしても時代の要請に充分に応えたに過ぎないのだろう。

作曲者のすぎやまこういち（一九三一年〜）は「モナリザの微笑み」（一九六七年）や「君だけに愛を」（一九六八年）、「花の首飾り」（同年）などのザ・タイガースの大半の楽曲や、「学生街の喫茶店」（一九七二年）「君の誕生日」（一九七三年）などの一時代を象徴するガロのヒット曲を提供した他、ハウス食品、大塚製薬、久光製薬などのＣＭソングを二千曲以上作曲したことで知られている。さらに言えば、この曲に関しては編曲者の宮川泰（一九三一年〜二〇〇六年）の功績に触れない訳にはいかないだろう。トランペットなどの吹奏楽器とティンパニーなどの打楽器を組み合わせた「晴天の霹靂」を思わせる印象的なイントロは、原詞の「耐え忍ぶ女」のイメージを完璧に打ち砕くものであり、その落差こそがこの曲の魅力を強固なものにしており、そのヒットに繋がる大きな要因の一つであったように思われる。「恋のフーガ」とある通り、本来はＪ・Ｓ・バッハの「フーガの技法」のような対位法を主体とした遁走曲にする予定だったのかも知れないが、楽曲自体にもそうした要素は見当たらず、加えて編曲上もそうした手法は採用されていない。唯一、符合する点を挙げるとすれば、「追いかけて　追いかけて」という冒頭部分の詞に漂うフーガの如き遁走の雰囲気のみだ。

②虹色の湖♪（一九六七年＝昭和四十二年十月）

自分は徳永英明のカヴァーアルバム『VOCALIST VINTAGE』（二〇一二年）を聴いて初めてこの曲の存在を知ったのだが、その後、当時十九歳だった中村晃子が映画「進め！ジャガーズ 敵前上陸」（一九六八年、松竹）のワンシーンの中でこの躍動感に満ちた曲を歌っている動画を観て、即座に女性ヴォーカルによる〈一人GS〉というジャンル（があったらしいこと）の新鮮さと、その比類無きオーラに包まれた愛らしい姿に魅せられてしまった。

リアルタイムで知っている中村は、三十代半ばの頃にスキャンダラスな芸能ゴシップの当事者（被略奪者）であったことに加えて、四十代半ばでヌード写真集「FREE HAND」（一九九四年、竹書房）を出した際の印象が強かったこともあり、どちらかと言うとメインストリームの仕事も最愛の人も失った痛々しいイメージを持つ〈負け組〉に属する女優というイメージがあった。これに対して前述した動画における中村はキラキラと輝いていて、今のアイドル歌手が束になって掛かっても敵わないような〈勝ち組〉の勢いと自由奔放さと蠱惑的な表情を見せる。月の側にいるとばかり思っていた彼女が、かつては紛れもなく太陽の側にいたことを思い知らされたようだった。そもそも自分は、徳永のカヴァーによって本曲を聴くまで中村が歌手であったことすら知らなかったのだが、この曲は当時、八十万枚を超えるほどの大ヒットを記録したらしく、歌謡史の一ページに彼女の存在を刻印することとなった。

作詞者の横井弘（一九二六年〜二〇一五年）は伊藤久男の「あざみの歌」（一九五一年）、三橋美智也の「哀愁列車」（一九五六年）、倍賞千恵子の「さよならはダンスのあとに」（一九六五年）などの作詞で知られる昭和歌謡の重鎮。原詞は「ふるさとの村」も「あの人」も捨て、一種の上昇志向を持って都会に出て来たものの、夢破れて「幸せ」を掴めぬまま途方に暮れる若い女性の良くある挫折譚を描いたものだが、主人公の女性が度々「あてもなく呼びかける」都会のイメージを「虹色の湖」とした所が、やや謎めいて映る。第三連になって、この「虹色の湖」は「まぼろしの湖」に過ぎなかったことが明かされるのだが、若者が将来の夢を託す存在が「虹色」に見えるのはいいとして、そもそも何故、横井は「ふるさと」と対極にあるはずの「幸せが住む」と信じられている都会のイメージを「湖」に象徴させたのだろうか？　琵琶湖にしろ、田沢湖にしろ、摩周湖にしろ、言うまでも無く、現実の「湖」は都会にはない。どちらかと言えば、むしろ「ふるさとの村」の側に位置すると考えるのが正しい地理感であろう。それでも主人公が「あてもなく」あるいは「泣きながら」呼びかける対象を敢えて「湖」としたのは、都会という場所の「実体の無さ」や「(埋没した古い集落が湖底に眠っているとの想像から、一種の人身御供の犠牲の上に成立している) 歴史の恐ろしさ、得体の知れ無さ」といったものを表したかったからなのかも知れない。あるいは、そもそも都会とか、田舎といった区分自体、格別意味のあることではない、ということを、横井は全てを呑み込む「湖」という大いなる存在に仮託して述べたかったのであろうか？

一方の作曲者・小川寛興《ひろおき》（一九二五年〜）は実写版「鉄腕アトム」（一九五九年）や「仮面の忍者赤影」（一九六七年）、アニメ「ぴゅんぴゅん丸」（同）、ドラマ「ありがとう」（一九七〇年）など、多くの先駆的な番組の主題歌を作曲しており、黎明期のテレビ創作の現場を支えた功労者と言える。この曲は当時の音楽界の支配的潮流になりつつあった「一人ＧＳ」風の編曲あるいは演奏を踏襲することによって、結果的に大ヒットに結びついたものと推測されるが、その軽快で陽気なリズム・メロディと横井の詞はどう贔屓目に見ても、合致しているとは言い難い。平たく言えば、挫折譚に付けられたリズム・メロディとしては明る過ぎるからである。夢破れた若者の挫折を描くなら、もう少し曲自体に「苦悩」の味付けをするべきではないか、などと個人的には思ったりするのだが、一方で十九歳のキラキラ輝いている中村晃子に「苦悩」を背負う姿は似合わない。そういう意味で、歌手と曲と演奏はむしろ「希望」や「躍動」の様相を呈しており、時代の要請に見事に合致しているのだが、幸か不幸か楽曲を構成する要素の中で、横井による歌詞だけがやや浮いてしまっているように見える。

ただし、この曲が発売された一九六七年当時、このように挫折譚の歌詞に「希望」や「躍動」の様相を呈した曲が付けられ、奔放さと蠱惑的な表情で聴衆を魅了する十九歳の〈勝ち組〉の歌手がこれを歌ったことのミスマッチに気付き、違和感を持った者はほとんどいなかったのではないかと想像出来る。何故なら、ＧＳというジャンルにおいては、飽くまでビジュアル（歌手）と曲が主役であり、言うなれば歌詞は〈添え物〉に過ぎなかったからだ。

③いいじゃないの幸せならば♪（一九六九年＝昭和四十四年七月）

第十一回日本レコード大賞を受賞した本曲が流行っていた当時、自分は未だ小学校の低学年の歳に過ぎず、当然ながら、その極めて危ういインモラルな歌詞の意味を全く理解していなかったのだが、この曲を歌う佐良直美という歌手・女優には一応の馴染みがあった。当時の我が家では、平岩弓枝が脚本を書き、石井ふく子がプロデュースしたＴＢＳ系のテレビドラマ「肝っ玉かあさん」（一九六八年～一九七二年）や「ありがとう」（一九七〇年）といった番組を欠かさず観ており、三〇％前後の高視聴率に支えられたホームドラマの主人公の一人として、佐良とはブラウン管を通じて毎週のように接していたからである。その佐良は、ボーイッシュな容姿とさっぱりした性格により、老若男女の幅広い層に支持され、一九七四年から一九七七年まで四年連続で紅白歌合戦の紅組司会者を務めるなど、歌手としても女優としても、文字通り順風満帆な成功者としての道を歩んでいたが、一九八〇年に世間を賑わせたいわゆるレズビアン・スキャンダルによって世論の反感を買い、事実上、芸能界における人気者の地位を一挙に失うことになる。〈陽の幸福〉を歌ったデビュー曲の「世界は二人のために」（一九六七年）といい、〈陰の幸福〉を歌った本曲といい、幸福を歌い続けたはずの彼女は、皮肉なことに個人的な情愛のトラブルによって好感度のイメージを覆され、心ない中傷まで受けて、芸能界における〈成功〉という名の幸福を手放さなければならなかった。

さて、この歌詞には「私」と「あなた」と「あの子」という三人の人物が登場する。「私」から見て「あの子」は年下の彼氏であり、「あなた」は年上の彼氏というように読むのがごく普通の解釈だと思うが、「私」がバイセクシャルであるという前提に立って「あの子」が同世代もしくは年下の女性の恋人であるという解釈、「私」が母であるという前提に立って「あの子」が棄てた実子であるという解釈も決して成り立たないことはない。「私」が「つめたい女」「悪い女」「浮気な女」などと呼ばれ、世間から眉をひそめられることに対して「いいじゃないの幸せならば」と開き直ってしまうこの歌のスタンスが刹那的、退廃的なものであることは言うまでもないが、人間関係の設定に関しても、そうした様々な解釈を許容する所が、この歌詞の魅力の一つでもある。そして、当時未だ二十四歳に過ぎなかった佐良が、この背徳的な内容の歌詞の意味をどれだけ理解して歌っていたのかは甚だ疑問であるものの、東大安田講堂事件や永山則夫事件など、数多くの騒乱や事件が起きたこの年の世相の中で、人々は本曲の主調である〈刹那的な幸福の追求〉を支持したい気分になっていたのかも知れない。

本曲の作詞者・岩谷時子（一九一六年～二〇一三年）は二十三歳の時に偶然出会った一人の少女と共に、その激動の半生を歩むことになる。その少女こそ、八歳年下のタカラジェンヌ・越路吹雪（一九二四年～一九八〇年）であり、宝塚歌劇団時代、一九五一年の移籍後の東宝時代を経て、一九六八年に越路がフリーになった後も、自ら志願して越路のマネージャーを務め続け、越路が死ぬまで無償でそのマネージメントを行った。また、越路の代表曲とされる「愛の賛歌」（シャンソン・ショー「巴里の唄」劇中歌／一九五二年）、「ラストダンスは私に」（一九六一年）、「サン・トワ・マミー」（一九六四年）、「ろくでなし」（一九六五年）などの訳詞を書き、越路がシャンソン歌手としての地位を確立することに尽力する一方で、作詞家としても多くの歌手に詞を提供した。宮川泰と組んだ曲にザ・ピーナッツの「恋のバカンス」（一九六三年）、「ウナ・セラ・ディ東京」（一九六四年）などが、弾厚作の名で作曲も行う加山雄三のために書いた曲に「君といつまでも」（一九六五年）、「お嫁においで」（一九六六年）、「旅人よ」（同年）などが、いずみたくと組んだ曲に沢たまきの「ベッドで煙草を吸わないで」（一九六六年）、ピンキーとキラーズの「恋の季節」（一九六八年）と本曲などが、筒美京平と組んだ曲に郷ひろみのデビュー曲「男の子女の子」（一九七二年）などがある。

一方の作曲者・いずみたく（一九三〇年～一九九二年）は歌謡曲だけでなく、ＣＭソングやアニメソングなど、幅広いジャンルの作曲を行ったことで知られ、晩年は二院クラブに所属して、一九八九年より参議院議員も務めた。代表曲に童謡「手のひらを太陽に」（やなせたかし作詞／一九六一年）、永六輔が詞を書いた坂本九の「見上げてごらん夜の星を」（一九六三年）やデューク・エイセスのご当地ソング「いい湯だな」など、山上路夫が詞を書いた佐良直美の「世界は二人のために」や由紀さおりの「夜明けのスキャット」（一九六九年）など、山川啓介が詞を書いた青い三角定規の「太陽がくれた季節」（一九七二年）、いずみたくシンガーズの「帰らざる日のために」（一九七四年）、中村雅俊の「ふれあい」（同年）などがある。

④翼をください♪（一九七一年＝昭和四十六年二月）

本曲は一九六九年に開催された第三回ヤマハ・ライト・ミュージック・コンテストにおいて「竹田の子守歌」（京都市伏見区に伝わる被差別部落の民謡）を演奏して圧倒的な存在感を示し、フォーク部門の第一位及びグランプリを獲得したフォークグループ・赤い鳥（一九七四年の解散後はハイ・ファイ・セット、紙ふうせん、ハミング・バードに分割）が翌年のメジャーデビュー後、三枚目のシングルとして同曲を発売した際、そのB面に収められていたものである。その後、やまがたすみこ（一九七三年）、川村カオリ（一九九一年）、赤い鳥・ハイ・ファイ・セット（一九九四年解散）を経てソロ歌手となった山本潤子（一九九七年）、ゆず（二〇〇三年、赤い鳥の後期メンバーであった村上〝ポンタ〟秀一の音楽活動三十周年記念アルバム『ＭＹ ＰＬＥＡＳＵＲＥ』における共演）、徳永英明（二〇〇五年、カヴァーアルバム『ＶＯＣＡＬＩＳＴ』に収録）、平原綾香（同年、カヴァーアルバム『Ｆｒｏｍ Ｔｏ』に収録）、ＹＵＩ（二〇一一年、被災地や音楽番組におけるライヴ演奏）、藤井フミヤ・ＮＯＫＫＯ・Ｋｉｒｏｒｏ（いずれも小野薬品工業のＣＭにおける歌唱）など、様々なアーティストによってカヴァーされているだけでなく、一九七〇年代後半頃から小中学校の音楽の教科書や合唱曲集などに掲載され、歌唱されることが多くなったこともあり、今や老若男女を問わず、国民に広く親しまれ、愛されている曲と言っても良いのではないだろうか。

ところで、本曲の原盤の収録時、通常のライヴ演奏では特に省かれずに歌われていた第三連（二番）の冒頭の二行「いま富とか名誉ならば／いらないけど　翼がほしい」の部分が、意図的にカットされて発売された。劇映画の公開の際にも、オリジナル完全版が一定時間を超過したものである場合に、時折、興行上の都合から一部の映像をカットした短縮版で上映されることがあるが、これは当時の音楽業界において、恐らく同様の要請があったために起きた事象なのではないかと推測される。このため、ほとんどのカヴァー演奏においても、この赤い鳥が録音した省略ヴァージョンに倣って本曲が歌われることが多い。これに対して、興業とは無縁の（主に教育現場やサークル活動における）合唱曲としての演奏においては、当該省略のない完全ヴァージョンで歌われることが通例となっており、事実上、本曲はフォークソングとしては省略ヴァージョン、合唱曲としては完全ヴァージョンとして認知されるという色分けがなされている。こうしたいきさつにより、広く知られた曲であるにもかかわらず、主にどちらの分野において接して来たかにより、結果的に親しんで来た歌詞の内容が異なるという現象が生じている訳だが、自分としては、楽曲としての整合性の観点と、オリジナルの楽曲を尊重したいという気持ちから、やはり完全ヴァージョンの方を支持したい。

さて、本曲の歌詞の内容は至ってシンプルであり、何度か繰り返されるサビの部分に書かれた「悲しみのない　自由な空へ」「飛んで行きたい」ということに尽きる。もちろん、この詞は敢えて不可能なことを述べているのであり、実際には、この世は悲しみに満ちており、不自由で窮屈な事象で溢れているがゆえに、持ってもいない翼を「ひろげ」あるいは「はためかせ」、決して辿り着くことがない「悲しみのない　自由な空へ」へ「行きたい」として、要は叶わぬ夢想を述べているに過ぎない側面がある。それは、現実の中で努力すれば手が届くかも知れない「富とか名誉」を得ようとすることと比べて、遙かに非現実的な甘い「願い」でしかないように見えるため、そうした態度を〈現実逃避〉的指向であるとして、切り捨ててしまうことも出来るだろう。だが、大人になって「悲しみのない自由な」場所など実際には存在しないことを知ってしまった「いま」も、ナイーヴな「子供の時」に「夢見たこと」と相似形をなすその「願い」が色褪せないことを示したこの歌は、実際には現実に対峙し、血を流し続ける者の位相を歌ったものである、と言うことも出来る。そして、その位相は、恐らく「富とか名誉」を得ようと努力する者が立っている場所などより、遙かに困難で険しいポジションであるだろう。逆に言えば、この曲を〈現実逃避〉の歌と見るか、現実に対峙している者の歌と見るかは、解釈する者が置かれたポジションや、その心根の在り方に掛かっている。従って、本曲は接する者の心模様を写す鏡であり、必ずしも〈前向き〉な歌であるとも言い切れず、そうかと言って、必ずしも〈現実逃避〉の歌であるとも言い切れない。

本曲の作詞者・山上路夫（一九三六年〜）は、昭和初期の作詞作曲家・東辰三を父に持ったものの、思春期喘息のため、寝たきりの無為な青年期を過ごしたという。二十一歳の時に作詞家を志し、本曲以外にも佐良直美の「世界は二人のために」（いずみたく作曲／一九六七年）、由紀さおりの「夜明けのスキャット」（同／一九六九年）、トワ・エ・モアの「或る日突然」（村井邦彦作曲／同年）、朱里エイコの「北国行きで」（鈴木邦彦作曲／一九七二年）、沢田研二の「許されない愛」（加瀬邦彦作曲／同年）、アグネス・チャンの「ひなげしの花」（森田公一作曲／同年）、小柳ルミ子の「瀬戸の花嫁」（平尾昌晃作曲／同年）、ガロの「学生街の喫茶店」（すぎやまこういち作曲／同年）、「君の誕生日」（同／一九七三年）、「ロマンス」（堀内護作曲／同年）、野口五郎の「甘い生活」（筒美京平作曲／一九七四年）、「私鉄沿線」（佐藤寛作曲／一九七五年）、ゴダイゴの「ガンダーラ」（英語詞の奈良橋陽子と共作／タケカワユキヒデ作曲／一九七八年）などの詞を書き、血の通った哀愁のある人間模様を描き続けた。

一方の作曲者・村井邦彦（一九四五年〜）は、二十四歳にして「マイ・ウェイ」など、海外レーベルの名曲の権利を買い付けて音楽出版社アルファミュージックを設立、その翌年、大手レコード会社に販売を委託する原盤制作会社（一九七七年、アルファレコードとして独立）を併設、赤い鳥、荒井由実、ハイ・ファイ・セット、ガロ、サーカス、ＹＭＯ、吉田美奈子など、ニューミュージック系の人気ミュージシャンを数多くプロデュースしたことで知られている。また、本曲と前掲の「或る日突然」以外には、ザ・テンプターズの「エメラルドの伝説」（なかにし礼作詞／一九六八年）、ズー・ニー・ヴーの「白いサンゴ礁」（阿久悠作詞／一九六九年）、札幌五輪のテーマソング「虹と雪のバラード」（一九七二年）、ハイ・ファイ・セットの「スカイレストラン」（荒井由実作詞／一九七五年）などの佳曲を書いている。

⑤また逢う日まで♪（一九七一年＝昭和四十六年三月）

昭和歌謡の歴史を牽引した最重要人物とも言える阿久悠（一九三七年～二〇〇七年）は、ＧＳ、フォーク、ポップス、アイドル歌謡、演歌など、ジャンルを問わず五千曲を超える夥しい数の歌詞を書いているが、それらの中で大ヒットしたものの大半は一九七〇年代の中盤から後半に集中しており、シングル盤の累計売上のトップテンを例に取ると、うち九曲がこの時期に発売されたものとなっている。その内訳は左記の通りであり、唯一の例外として、阿久の詞歴中において初期の作品に分類される本曲は、その八位にランキングされている。

▼第一位＝ピンク・レディー「ＵＦＯ」（一九七七年）１５５・４万枚
▼第二位＝ピンク・レディー「サウスポー」（一九七八年）１４６・０万枚
▼第三位＝都はるみ「北の宿から」（一九七六年）１４３・５万枚
▼第四位＝ピンク・レディー「ウォンテッド（指名手配）」（一九七七年）１２０・１万枚
▼第五位＝ピンク・レディー「モンスター」（一九七八年）１１０・２万枚
▼第六位＝森田公一とトップギャラン「青春時代」（一九七六年）１０１・８万枚
▼第七位＝ピンク・レディー「渚のシンドバッド」（一九七六年）１００・０万枚
▼第八位＝尾崎紀世彦「また逢う日まで」（一九七一年）９５・６万枚
▼第九位＝沢田研二「時の過ぎゆくままに」（一九七五年）９１・６万枚

▼第十位＝沢田研二「勝手にしやがれ」（一九七七年）８９・３万枚

ところで、本曲はデビュー間もない尾崎紀世彦の名を一躍有名にしたことに加え、第二回日本歌謡大賞と第十三回日本レコード大賞の双方を受賞したことから、エポックメイキング的な位置付けの曲として認知されているが、実は紆余曲折の末、その詞が阿久自身によって書き直されて生まれたものであったという制作のいきさつは余り知られていない。本曲の原曲は、当初、三洋電機のルームエアコンのＣＭのために、後に稀代のヒットメーカーとなる筒美京平によって作曲されたものの、スポンサーの意向によりそのＣＭ自体がボツとなったことから、日の目を見なかった。そこで、この曲のメロディを何とか生かしたいと考えた日音（旧日本音楽出版社）の村上司《まもる》プロデューサー（その後、同社社長・会長を歴任）が、「白いサンゴ礁」（阿久悠作詞／村井邦彦作曲／一九六九年）により、その名を知られ始めていたＧＳバンド＝ズー・ニー・ブーにこれを提供しようと考え、阿久に作詞を依頼した結果、まず「ひとりの悲しみ」（一九七〇年）というタイトルが付されてリリースされた。この曲のモチーフに関して、阿久自身が〈安保で挫折した青年の孤独〉であると自解しているものの、どう詞を読んでも、挫折の描写や心情を表すような表現が出て来ないためか、極めて分かりにくく、具体性を欠いたものとなっている。例えば、冒頭部分の「明日が見える　今日の終りに／背のびをしてみても　何も見えない／なぜか　さみしいだけ／なぜか　むなしいだけ／こうして　はじまる／ひとりの悲しみが」という歌詞を読んでも、何となく暗い歌だなとは感じるものの、省略や飛躍が多いせいか、一体何が言いたいのか良く分からない。未だこれといった大ヒット曲が生まれる前の阿久の作詞のレベルは、残念ながらこの程度でしかなかったことが分かるという意味で、この「ひとりの悲しみ」の存在は興味深い。そして案の定、この曲はヒットには遠く及ばず、それでも筒美の楽曲の良さを確信していた村上は、この曲の再起を賭けて、フィリップスレコードから持ち掛けられた新たな企画に乗り、コーラス・グループ＝ザ・ワンダースを経てソロとなり、そのパワフルな歌唱力によって頭角を現し始めていた尾崎紀世彦に歌わせることを前提に、阿久に同曲の詞の書き直しを依頼した。阿久は当初、この要請を固辞したと言われているが、度重なる村上の説得により、最終的には渋々これを了承し、歌詞のモチーフを〈男女の別れ〉に変更した上で、一番の「なぜか　さみしいだけ／なぜか　むなしいだけ」の部分を残し、サビの末尾の部分にあたる「その時二人は何かを見るだろう」を「その時心は何かを話すだろう」に代え、その他の部分を全面的に書き直した。こうした産みの苦しみを経て制作された「また逢う日まで」は、解散したザ・ワンダースの元メンバーである栗敏夫と朝紘一がバックコーラスを務め、尾崎の歌唱によって録音されたが、インパクトのある吹奏楽器とドラムスによるイントロ部分を始めとして、筒美による編曲は元歌の「ひとりの悲しみ」の時と大きくは変わっていない。この〈消滅しかけた曲の再生劇〉に当事者として立ち会った阿久にも筒美にも、恐らくクリエーターとしての意地があったものと推測されるが、二人の意地を尊重しつつも、各々に「振り出しに戻す」という容易に受け容れ難い要求を行うことにより、ギリギリの賭けに打って出た村上の思惑は奏功し、結果として歌謡史の歴史を塗り替える程の大きな成果を生むこととなった。

さて、本曲の詞の内容は〈互いに合意の上で同棲の解消を意志決定した男女〉の別れの場面を描写したものであり、阿久は六年後に沢田研二に提供した前掲の「勝手にしやがれ」においても（夜中に女性だけが荷物をまとめて出て行くというドラマ性を加えた上で）同様のテーマを扱っている。ただ、他にもペドロ&カプリシャスの「別れの朝」（なかにし礼訳詞／一九七一年）や布施明の「積木の部屋」（有馬三恵子作詞／一九七四年）、野口五郎の「甘い生活」（山上路夫作詞／同年）などに見られるように、類似したテーマを扱ったものはいくつか存在するものの、一般的には同棲を経ない男女の別れをテーマとしたものの方が圧倒的に多いため、こうしたモチーフはどちらかと言えば少数派の部類に入る。その意味において、本曲が最初に世に出た際のインパクトは極めて大きかった訳だが、冒頭部分において「また逢う日まで逢える時まで／別れのそのわけは話したくない」とした上で、サビの部分では「ふたりでドアをしめて／ふたりで名前消して／その時心は何かを話すだろう」と応じていること、即ち「話したくない」と「話すだろう」という一見矛盾する言葉が畳み掛けられることによって、聴き手が「謎かけ」をされているような内容の歌詞となっていたことも、本曲の大きな魅力の一つであった。もちろん、この「謎かけ」は言葉を文字通り追っていては解けない。前者の「話したくない」は要するに「今は認めたくない」ということに過ぎず、後者の「話すだろう」は時間を巻き戻すようにして、言わば二人の共同作業によって表札を外し、施錠して同棲生活の幕を下ろした時、「認めたくない」と思っていたものをようやく受け容れることが出来るだろう、といったことを表現しているものと推測される。従って、ここで問題となっているのは〈別れのわけを話すこと〉などではなく〈そもそも二人で散々話したからこそ別れに至っているのであり、幕引きの場において「理由」は互いにとって既知の事実となっているはずだ〉、正確にいうなら〈別れの事実を受容すること〉であると読むべきだろう。つまり、阿久は本曲において意図的に〈別れの事実を受容すること〉を〈別れのわけを話すこと〉に置き換えており、敢えて「受容したくない」を「話したくない」と、「受容することが出来るだろう」を「心は何かを話すだろう」という表現としているのだ。この〈元歌の「ひとりの悲しみ」の歌詞の痕跡を多少は残した〉初期の阿久の詞の分かりにくさは、本来、歌謡曲の世界において容易に馴染むものとは言い難かったはずだが、日音の村上がとことん惚れ込み、一世一代の賭けに打って出たことにより、再起を図った筒美のメロディ及び編曲のダイナミズムに尾崎の骨太でパワフルな歌唱が加わり、当時の聴衆は阿久が仕掛けたこの「謎かけ」をむしろ楽しむように「受容」し、熱狂して聴くこととなったのである。昭和歌謡の歌聖・阿久悠にとって、こうした経緯を持つ本曲は後に都倉俊一と組んでピンク・レディーに提供した一連の曲などと異なり、村上を初め、様々な外部ファクターの影響を受けたばかりでなく、思わぬ僥倖が作用して生まれた想定外・計算外の大ヒット曲であった。

⑥さらば恋人♪（一九七一年＝昭和四十六年五月）

俳優や司会者、コメディアン等としての才覚も持ち合わせた〈元祖マルチタレント〉とも言える堺正章の歌手としての活動を振り返った時、ＧＳバンド＝ザ・スパイダース時代に一二〇万枚を売上げた佳曲「夕陽が泣いている」（浜口庫之助作詞作曲／一九六六年）を別とすれば、やはりソロ歌手としてのデビュー曲である本曲と、自身が出演していたＴＢＳ系のテレビドラマ「時間ですよ」の劇中歌であった「街の灯り」（阿久悠作詞／浜圭介作曲／一九七三年）を挙げない訳にはいかないだろう。前者は男性が自らを断罪する側面を持つ別れの歌であり、後者は愛の予感（希望）を示唆する孤独をモチーフとした歌であるが、未だ二十代半ばであり、歌手として最も輝いていた時期でもあった当時の堺のスマートで深みのある歌唱はこれらの曲に良くマッチしており、いずれも人の内面に残置する辛苦や痛みを慰撫し、励ますような雰囲気を持っていたためか、これを支持した多くの聴衆の心に刻印を残し、他の歌手によるカヴァーも含めて、昭和の名曲の一つとして長く愛唱されることとなった。

さて、本曲の詞は後半部分に「ふるさと」という言葉が出て来ることから、自身の夢を実現するため、「ふるさと」と共にその地で出会い、一時期を一緒に過ごした恋人を棄て、都会に出て行くことを決意した男性から見た自身の内面描写を含む別れの場面の情景を描いた内容であることが類推出来る。恐らくは、ここに至るまでに二人の間に小さな諍いの一つや二つはあったのだろう。そして、そうした諍いの数々も今となっては懐かしく想い出される。それゆえ「いつも　幸せすぎたのに／気づかない　二人だった」というフレーズが出て来る訳だが、この男性は車窓から共に過ごした家を目にして「思わず胸にさけんだ／必ず帰って来るよと」と独白する。この独白には、男性の後ろ髪引かれるような思いが現れているが、最終的には「ふるさとへ帰る地図は／涙の海に　捨てて行こう」として、そうした思いを自ら断ち切って前へ進もうとする。それは「ふるさと」や恋人への思いを残すような中途半端な覚悟のままでは、自身の夢などとても実現出来ないという考えによるものだろう。そうした男性の判断は半ば正しいとも言えるが、必ずしも唯一の正解とは言えない。何故なら、この男性には恋人と「ふるさと」を切り離し、「ふるさと」だけを棄て、恋人を一緒に連れて都会に行くという選択肢もあったはずだからである。だが、例えば相手の女性が地元の有力者の娘であり、現状の男性の経済状況からとても将来を約束出来るような状態ではないとしたら、どうであろうか。恐らく、そのように恋人と「ふるさと」を容易に切り離すことが出来ない事情があったからこそ、本曲の歌詞のキモとも言える「悪いのは　僕のほうさ／君じゃない」という男性が自らを断罪するようなフレーズが出て来るのだろう。ここでこの男性は「君（が地元の有力者の娘だったこと）を僕は責められない。悪いのは身勝手な選択をした僕だ。」と言っているのであり、この断罪的独白があることによって、聴衆は本曲の若い男女の別離のほろ苦さと、不完全燃焼で終えざるを得なかった痛みを分かち合えるのである。

本曲の作詞者・北山修（一九四六年〜）は、現在、精神科医・大学教授の肩書きを持つ専門医であり、医学者であるが、京都府立医大に在学中に龍谷大学の学生であった加藤和彦と出会い、加藤、平沼義男らとアマチュアバンド「ザ・フォーク・クルセダーズ」を結成し、その自主制作アルバム『ハレンチ』(一九六七年)が関西のラジオ番組で盛んに取り上げられたことを機に「帰って来たヨッパライ」(松山猛・北山修作詞/加藤和彦作曲/同年)でプロデビューした。その後、同曲がミリオンセラーになったため、本格的な音楽活動を開始し、同グループの解散後、メンバーの端田宣彦が結成したはしだのりひことシューベルツ、はしだのりひことクライマックスや学生時代から親交のあった杉田二郎率いるジローズなどのバンドに詞を提供したり、「自切俳人」の名前でラジオ番組「オールナイト・ニッポン」のパーソナリティを務めたりするなど、特に一九六〇年代後半から一九七〇年代に掛けて、広くアーティストとしての活動を行った。歌詞提供した主な曲に、はしだのりひことシューベルツの「風」(端田宣彦作曲/一九六九年)、ベッツィ&クリスの「白い色は恋人の色」(加藤作曲/同年)、はしだのりひことクライマックスの「花嫁」(端田宣彦・坂庭省悟作曲/一九七一年)、ジローズの「戦争を知らない子供たち」(杉田二郎作曲/同年)、加藤との連名で発表した「あの素晴しい愛をもう一度」(加藤作曲/同年)などがある。二〇〇九年に盟友であった加藤が軽井沢のホテルにて自死を遂げた時、北山が朝日新聞の文化欄に寄せた追悼文の末尾には「後ろは振り返らない、そして同じことは絶対にやらないというモットーを貫き通した彼は、おいしいケーキを食べるために全財産をはたいて、また手のとどかぬところに飛んで行った。戦友としては、その前だけを見る戦いぶりに拍手を贈りたい。しかし、昔話に花を咲かせ共に老後を過ごすことを楽しみにしていた仲間として、そしてこれを食い止めねばならなかった医師として、友人としては、実に無念である。」と書かれており、才人・加藤とフォークソングの黄金期を共に歩んで来たものの、一九八〇年代以降はその活動の主軸を医師・学者に戻したこともあり、一貫してミュージシャン・音楽プロデューサーであり続けた加藤の内面やその苦悩に深く関与し得なかった北山の愛惜と悔恨の心情が良く表れている。

一方の作曲者・筒美京平（一九四〇年～）は平成時代に入った現在も活動を続けており、息の長い稀代のヒットメーカーとして誰もが一目を置く存在である。昭和の時代に発表されたものに限定すると、シングル盤の累計売上のトップテンは左記の通りであり、ここには入っていないものの、52・9万枚を売上げた本曲はその第十四位にランキングされている。

▼第一位＝ジュディ・オング「魅せられて」（一九七九年）123・5万枚
▼第二位＝近藤真彦「スニーカーぶる～す」（一九八〇年）104・7万枚
▼第三位＝いしだあゆみ「ブルー・ライト・ヨコハマ」（一九六八年）100・3万枚
▼第四位＝尾崎紀世彦「また逢う日まで」（一九七一年）95・6万枚
▼第五位＝岩崎宏美「ロマンス」（一九七五年）88・7万枚
▼第六位＝太田裕美「木綿のハンカチーフ」（一九七五年）86・7万枚
▼第七位＝近藤真彦「ギンギラギンにさりげなく」（一九八一年）81・6万枚
▼第八位＝近藤真彦「ブルージーンズメモリー」（一九八一年）59・6万枚

▼第九位＝桑名正博「セクシャルバイオレットNo．1」（一九七九年）59・2万枚
▼第十位＝岩崎宏美「センチメンタル」（一九七五年）57・3万枚

因みに、これらの曲の作詞家は阿木燿子（第一位）、松本隆（第二位・六位・八位・九位）、橋本淳（第三位）、阿久悠（第四位・五位・十位）、伊達歩＝伊集院静（第七位）の五名のみで構成されており、筒美の代名詞ともなった「魅せられて」と「ブルー・ライト・ヨコハマ」を別にすれば、特に阿久悠・松本隆と組んだものが多くヒットしていることが分かる。この他、昭和年代における筒美の代表曲としては、いしだあゆみの「あなたならどうする」（なかにし礼作詞／一九七〇年）、南沙織の「17才」（有馬三恵子作詞／一九七一年）、浅田美代子の「赤い風船」（安井かずみ作詞／一九七三年）、麻丘めぐみの「わたしの彼は左きき」（千家和也作詞／同年）、郷ひろみの「よろしく哀愁」（安井作詞／一九七四年）、野口五郎の「甘い生活」（山上路夫作詞／同年）、太田裕美の「赤いハイヒール」（松本作詞／一九七六年）、中原理恵の「東京ららばい」（松本作詞／一九七八年）、庄野真代の「飛んでイスタンブール」（ちあき哲也作詞／同年）、松本伊代の「センチメンタル・ジャーニー」（湯川れい子作詞／一九八一年）、斉藤由貴の「卒業」（松本作詞／一九八五年）、小泉今日子の「なんてったってアイドル」（秋元康作詞／同年）、少年隊の「仮面舞踏会」（ちあき作詞／同年）などがある。

⑦終着駅♪（一九七一年＝昭和四十六年十二月）

この曲が巷に流れていた時、自分は未だ小学生であったが、未知の大人の世界が歌われていることを漠然と感じながら、普通の歌謡曲とは一風異なるその陰影のある暗い雰囲気に訳も分からず惹かれていたことをうっすらと覚えている。そして、三年程前に一青窈のカヴァーアルバム『歌窈曲』（二〇一二年）が発売され、偶然、ＣＤショップの店頭でその三曲目に収められているこの曲を試聴した際、四十年近くも前に頭の中に置き去りにしていた旋律がよみがえり、和製シルヴィ・ヴァルタンとして売り出され、色香と歌唱力を併せ持つ独特な魅力に彩られた奥村チヨによるオリジナルの歌を無性に聴きたくなってしまった。その後、みうらじゅんが選曲・編集した二枚組アルバム『ＣＨＩＹＯ！コケティッシュ爆弾』（二〇〇五年）やファーストアルバム『北国の青い空』（一九六七年）、ライブ盤『ナイトクラブの奥村チヨ』（一九七〇年）（因みに、このアルバムにおける西田佐知子の「女の意地」や映画「００７ カジノロワイヤル」の主題歌「The Look Of Love」などの歌唱は素晴らしいものである）などの初期音源を聴き、いくつかの奥村の動画を通覧してみて、この曲が登場したことは、言わば〈一つの事件〉であり、後期昭和歌謡に思いを馳せる時、決して外すことが出来ない重要な位置付けがなされるべき出来事だったのではないか、ということに思い至った。

この「終着駅」の発表当時、奥村は未だ二十四歳だったはずだが、なかにし礼・鈴木邦彦コンビによる〈恋三部作〉と呼ばれる「恋の奴隷」(一九六九年)、「恋泥棒」(同年)、「恋狂い」(一九七〇年)の大ヒット後、その男性の誇大した願望に自ら進んで応える〈従属する女性〉あるいは〈恋の盲目状態を体現する女性〉のイメージを維持していくことを前提とした路線に限界を感じつつ、今後、自分が進むべき方向性を模索していた折、正に〈運命〉のように巡り会い、本人のたっての希望で実現した起死回生のイメージチェンジを図るための歌であったとされている。「あなた好みの女になりたい」「もうこれ以上じらすのはやめて」などといったなかにしの詞が持つ魔力と、本人の先鋭的なファッションやヘアスタイルなどの魅力により、二十二歳にして絶大な人気を手にしてしまったがゆえに、先に挙げた『ナイトクラブの奥村チヨ』に収められた京都・ベラミにおける興業が示すように、そのコケティッシュな色気を駆使して、世の男性(実は当時、奥村には女性のファンも数多くいたのだが、その容姿や甘えるような声の魅力に惹かれて、彼女を支持していた者の大多数は男性ファンであった)に「媚びる」姿を見せ続けることでしか、その人気を保つことが出来ない現実を前にして、二十代半ばの女性歌手が真剣に苦悩していた様子が良く分かる。色気はしばしば強い引力をもたらすが、それは言わば時代や男たちの欲望に消費されていくものに過ぎず、所詮は一過性のものであって、飽きられやすく、何ら永続性が保証されるものではないことを、恐らくこの時、彼女は本能的に察知していたのだろう。そして、この曲はそうした奥村自身がそれまで作り上げてきた常に色香が纏わり付くが如きイメージを完全に破壊するものであった。何故なら、そこに展開されている〈愛の喪失譚〉〈生気を失った荒涼たる幻視の世界〉においては、色香は何の役にも立たない無用の長物でしかなかったからである。さらに言えば、「あなた好みの女になりたい」などと歌っていた彼女が、色香の意義や価値を彼方に追いやり、これを自ら否定するような歌を歌ったことは〈一つの事件〉でもあった。二十四歳にして自らの最大の武器を封印し、敢えてこれを抑制する戦略に打って出たことは大きな冒険であったはずだが、彼女の捨て身の挑戦は世の支持を受けて37・8万枚の大ヒットに繋がり、奥村はこの歌によって翌一九七二年の紅白歌合戦に一年ぶりの再出場を果たした。

さて、この曲の歌詞においては、冒頭から「落ち葉の舞い散る停車場」の情景が唐突に描かれ、そこが「悲しい女の吹きだまり」であると断定される。「終着駅」というタイトルから考えて、ここに描かれている停車場は、鉄道関係者しか出入りしない〈信号所〉や〈操車場〉ではなく、多くの利用者が行き来する〈駅〉であるはずなのだが、常時人混みに溢れ返るような都心のターミナル駅の内部には、秋冬に葉を落とすような街路樹など植えてあるはずもなく、その帰結として、この〈駅〉は廃墟に近い滅び行くローカル線の終点駅、時代に取り残され、人影もまばらな吹き曝しの〈駅〉がイメージされることになる。ところが、続く第二連冒頭の「真冬に裸足は 冷たかろう」という辺りを読むと、そもそもここに描かれている〈駅〉はもはや現実の駅ではなく、幻視の世界に過ぎないことに気付かされる。続く「大きな荷物は 重たかろう」という部分の〈荷物〉も、現実の荷物ではなく、抱えきれない失敗や挫折や苦悩などの堆積を表す概念としての〈荷物〉に過ぎない。この幻視の〈駅〉に「涙を捨てにくる」（第一連末尾）あるいは「過去から逃げてくる」（第四連末尾）女たちの共通項は、何らかの理由で〈愛を失った者たち〉ということであり、それゆえ、皆良く似ているとされている訳だが、彼女たちは失った愛を「忘れる努力」（第五連二行目）をするものの、「肩抱く夜風」が慰撫するから、忘れられないという。この寂寥感の表現は極めて巧みであり、慰撫する者など誰もおらず、肩を抱く者があるとしたら、冷たい夜風だけであるという感覚的情景によって、彼女たちが失った愛の大きさを表している。この一見、救いのない歌詞において、幻の「終着駅」にやって来た〈愛を失った者たち〉は「愛という名のあたたかい　心の鍵」を「二度とつかめない」（第三連・第六連のサビの部分）とされているのだが、そもそもこれは同一の相手との関係において成立する話に過ぎず、別の相手との新しい愛の可能性は残されている。ここで、千家は幻視の世界の純度や感覚の強度を高めるためか、そうしたことに全く言及していないが、この歌詞に描かれている荒涼たる「悲しい女の吹きだまり」は〈愛を失った者たち〉の再生のための折り返し地点になり得るのだろうか。彼女たちは、真冬にこの幻の「終着駅」に裸足でやって来て、涙を捨て、重たい大きな荷物を置いていくことによって、現実の世界に立ち戻り、やがて新しい愛を探しに行けるのだろうか。

この曲の作詞者、千家和也（一九四六年〜）は、なかにし礼に師事した後、都倉俊一や三木たかしなどと組んで一九七三年から七六年にかけて前半期の山口百恵のほぼ全ての曲を書いた他、三善英史の「雨」（一九七二年）、平浩二の「バス・ストップ」（同年）、内山田洋とクール・ファイブの「そして、神戸」（同年）、野口五郎の「君が美しすぎて」（一九七三年）、浅丘めぐみの「私の彼は左きき」（同年）、殿様キングスの「なみだの操」（同年）、麻生よう子の「逃避行」（一九七四年）、キャンディーズの「年下の男の子」（一九七五年）、アニメ版「ルパン三世のテーマ」（一九七八年／補作）など、タイプの異なる様々な歌手に印象的な詞を提供し、主に叙景を伴う哀切な独白の言葉を通じて、昭和四十年代後半から五十年代前半の歌謡史を寂寥感のある独特の美しい色に染め上げた。その功績は決して小さなものではなく、昭和歌謡の巨星・阿久悠と共に、決して外すことの出来ない存在と言っていいだろう。

作曲者の浜圭介（一九四六年～）は十六歳で森山加代子の付き人となり、当初は歌手を目指したが、一九七〇年前後に作曲家に転身した経歴を持っている。その後、この「終着駅」の大ヒットによって注目され、昭和歌謡を代表するヒットメーカーの一人となった。千家とは、この曲以外に先に挙げた「雨」「そして、神戸」などを作っており、阿久悠と組んだ曲に堺正章の「街の灯り」（一九七三年）、八代亜紀の「舟唄」（一九七九年）、「雨の慕情」（一九八〇年）などが、なかにし礼と組んだ曲に北原ミレイの「石狩挽歌」（一九七五年）、島津ゆたかの「ホテル」（一九八五年）などが、荒木とよひさと組んだ曲に森昌子の「哀しみ本線日本海」（一九八一年）などがある。一九七四年、即ち「終着駅」発表の三年後に奥村チヨと結婚。幻視の世界において永遠に失われたかに見えた愛は、現実において再生されたのだ。

⑧喝采♪（一九七二年＝昭和四十七年九月）

今から四半世紀余り前の一九八九年の初冬、幸いにも自分はちあきなおみが出演したビリー・ホリデイの半生をモチーフとした伝説のソロミュージカル「ＬＡＤＹ ＤＡＹ」を観る機会に恵まれた。今はもう無くなってしまったシアターVアカサカという小ホールが会場であったが、「What A Little Moonlight Can Do」「All Of Me」等のビリーの定番曲を訳も無く歌いこなすちあきの歌唱に触れて、この時「ひょっとしたら自分は、とんでもない奇跡に立ち会っているのではないか?」といった感慨を持ったことを覚えている。ちあきと言えば、美川憲一に「もっと端っこ歩きなさいよ」などと絡まれる主婦を演じた「タンスにゴン」のＣＭに出ていたことや、コロッケに良く真似をされる独特の歌唱スタイルでその名を知られている歌手である、といった程度の認識しか無かった自分にとって、その〈魂の歌唱〉とも言うべきステージを目の当たりにしたことは、正にカルチャーショックのような出来事であった。その後、中島みゆきがちあきのために書いた「ルージュ」（一九七七年）、あがた森魚の「赤色エレジー」（一九七二年）や河島英五の「酒と泪と男と女」（一九七五）をカヴァーしたものなど、いくつかのちあきの歌唱を聴いて何度も鳥肌が立った。程なくして、一九九二年の夫との死別を機に一切の芸能活動を停止してしまったため、もはやテレビなどでちあきの姿を観ることはできなくなってしまったが、例えば浅川マキが訳詞をして自ら歌ったアメリカ民謡「朝日のあたる家（朝日楼）」に挑んだ幻のライブ音源などを聴くにつけ、その歌唱の実力が別格のものであることは、多くの人々の認めるところなのではないだろうか。

さて、第十四回日本レコード大賞を受賞した本曲は、ちあきの代名詞とも言える最大のヒット曲であり、文字通り昭和歌謡を代表する名曲の一つと言っていいだろう。連続して発売された本曲と「劇場」（一九七三年）、「夜間飛行」（同年）の三曲につき、当時は「ドラマチック歌謡三部作」などと評されたらしいが、この呼称には多少の揶揄と悪意が込められているように感じられる。元々、作詞者の吉田旺にはそうした意図が無かったにもかかわらず、歌詞の内容にちあき自身の体験と偶然リンクする所があったため、本曲を「実体験を元にして作られた」こととして売り出した粉飾につき、恐らく〈あざとい商法〉だと感じた者たちが少なからずいたのだろう。だが、そうしたプロモーションの問題を差し引いても、この歌詞の情景の描写と内面の描写を丁寧に重ねていく手法は、見事としか言いようがない。いずれもサビの部分である「あれは三年前　止めるアナタ駅に残し／動き始めた汽車に　ひとり飛び乗った」にしても、「暗い待合室　話すひともないわたしの／耳に私のうたが　通りすぎてゆく」にしても、残像・残響を伴う極めて印象的な映像詩の一コマになっている。加えて「黒いふちどり」「喪服」「細いかげ」「暗い待合室」と、時間軸の異なる別々のシーンの中に各々陰翳（闇・黒）のある描写を織り込んでいった後、最後に「降りそそぐライト」によってそれらの全てに光（白）を当て、各々の情景の陰翳を際立たせている所も素晴らしい。

本曲の作詞者・吉田旺（一九四一年〜）はちあきのデビュー曲「雨に濡れた慕情」（一九六九年）以来、鈴木淳、中村泰士、都倉俊一、浜圭介、船村徹などを作曲者として、極めて多くのちあきの歌詞を書いたことで知られている。さらに、冒頭に挙げたソロミュージカル「ＬＡＤＹ　ＤＡＹ」では、ビリーの曲の訳詞も手掛けており、本曲のヒットによる貢献も含め、文字通りちあきの歌唱や演劇の世界を創り上げ、裏方としてちあきを支え続けた最大の功労者と言っていいだろう。ちあき以外の歌手への歌詞提供としては、由紀さおりの「恋文」（佐藤勝作曲／一九七三年）、内山田洋とクール・ファイブの「東京砂漠」（内山田洋作曲／一九七六年）、五木ひろしの「ふたりの夜明け」（岡千秋作曲／一九八〇年）などがある。

一方の作曲者・中村泰士（一九三九年〜）は、当初、美川鯛二の名前で歌手としてデビューしたが、一九六八年に作曲家に転向し、本曲や「夜間飛行」などのちあきへの楽曲提供をはじめ、いずれも阿久悠と組んだ初期の桜田淳子の「天使も夢みる」（一九七三年）、「私の青い鳥」（同年）、「花物語」（同年）、「三色すみれ」（一九七四年）など、いずれもなかにし礼と組んだ細川たかしの「心のこり」（一九七五年）や第二十四回日本レコード大賞を受賞した「北酒場」（一九八二年）などの楽曲を書き、後期昭和歌謡の一時代を牽引した。また、公開オーディション番組「スター誕生！」において、山口百恵の「夢前案内人」により、三度目の本選出場をしていた当時高校一年生の中森明菜の歌唱を絶賛し、他の審査員の低い評価を覆させて三九二点の番組史上最高記録を呼び込んだエピソード（一九八一年）は有名である。

⑨古い日記♪（一九七四年＝昭和四十九年二月）

恐らく誰でも一度は耳にしたことがあるであろうこの曲が、実は埋もれた名曲なのではないか、と最初に気付かされたのは、中島哲也監督の映画「嫌われ松子の一生」（二〇〇六年）の一シーンに使われているのを聴いた時である。この傑出した映画の中で、ソープ嬢にまで身を落とした松子が、中洲で「二人で組んで雄琴で一山当てよう」と声を掛けて来た（後に松子が殺害することになる）ヒモ男と激しい雨に降られつつ、車で雄琴まで移動するシーンにおいて、車中のラジオから「あの頃は　ふたり共／なぜかしら　世間には」というフレーズが流れて来るのを耳にした時、決してスマートでもなく、お世辞にも洗練されているとは言い難かったものの、高度経済成長を背景に多種多様な可能性が許容され、ありふれた上昇志向とか、規格外の個性といったものが平成の現在よりもずっと尊重されていた〈昭和という時代〉の（効率主義・規格適合主義とは無縁の）自由な空気がそこに確かに息づいていることが感じられた。和田アキ子というと、通常は「どしゃぶりの雨の中で」（大日方俊子作詞／小田島和彦作曲／一九六九年）や「笑って許して」（阿久悠作詞／羽根田武邦作曲／一九七〇年）、「あの鐘を鳴らすのはあなた」（阿久悠作詞／森田公一作曲／一九七二年）、「だってしょうがないじゃない」（川村真澄作詞／馬飼野康二作曲／一九八八年）といった曲が代表曲とされているようだが、自分としては昭和の息吹が感じられるこの曲が一番しっくり来る。

この曲の作詞者である安井かずみ（一九三九年～一九九四年）は、数年前に自死した音楽クリエーター・加藤和彦（一九四七年～二〇〇九年）の二番目の妻であり、加賀まりこ、コシノジュンコ、森瑤子を始め、多くの著名人と親交があったことで知られ、極めて魅力的な人物であったとの伝聞がある。作詞家としては、平尾昌晃と組んで小柳ルミ子に提供したオリコン・ヒットチャート十二週連続一位の記録を持つ「わたしの城下町」（一九七一年）、筒美京平と組んで郷ひろみに提供した同人最大のヒット曲「よろしく哀愁」（一九七四年）の二曲が特に有名だが、他にも加瀬邦彦と組んで初期の沢田研二に提供した「あなたへの愛」（一九七三年）、「危険なふたり」（同年）、「追憶」（一九七四年）、馬飼野康二と組んで西城秀樹に提供した「ちぎれた愛」（一九七三年）、「激しい恋」（一九七四年）、夫の加藤和彦と組んで竹内まりやに提供した「不思議なピーチパイ」（一九八〇年）など、多くの印象に残る詞を手掛けている。これらの曲の中で、ソロデビュー後のジュリーの最初のヒット曲となった「危険なふたり」における「年上の女《ひと》」は、正に安井自身のことを指しており、背景にジュリーに対する恋愛感情があったのではないかとの指摘もあって、正に安井の奔放さを物語るエピソードの一つであるとも言われている。仮にそうした推論が真実であったとすれば、安井は自らを「美しすぎる」と断言できる程のかなりの自信家であったということになり、二年後に結婚するザ・ピーナッツの伊藤エミと交際中であった当時二十五歳の沢田としても、そうしたメッセージに気付かぬはずはなく、安井への対処に困惑したであろうことが想像できる。

さて、その安井の書く詞は「往きかう人に／なぜか目をふせながら／心は燃えてゆく」（「わたしの城下町」より）、「会えない時間が／愛　育てるのさ／目をつぶれば　君がいる」（「よろしく哀愁」より）、「もしも恋が　かなうならば／どんなことでもするだろう」（「激しい恋」より）、「オーニーナ　忘れられない／許して尽くしてそばにいて」（「追憶」より）といったように、基本的には恋愛状態にある男女の強い情動をモチーフとしたものが多く、まるで相手のことにしか関心が無いかのような〈恋は盲目〉の状態にある姿ばかりを描く傾向がある。そんな中にあって、この「古い日記」は安井の歌詞の中では異色の存在であり、例えば「他人など　信じない／自分たち　だけだった」（第四連）あるいは「先のこと　考える／暇なんて　なかったし」（第五連）といったように、向こう見ずで投げやりな若いカップルの暮らしぶりが描かれる中、末尾の部分において「恋と自由に　生きていた」と総括している通り、そこに〈自由〉という全く別のモチーフが加えられており、恋愛だけを主役としている訳ではない点が他の歌詞とは趣を異にしている。数ある安井の詞の中で、自分が敢えてこの歌を選んだ理由も正にそこにあるのだが、逆に言えば、他の恋愛至上主義的な歌詞にばかりスポットが当てられる世間の受け止め方の中にあって、この曲は決して正当に評価されているとは言い難いように思えてならない。あるいは、それは「愛も大事に　しなかった」（第五連末尾）とか、「好きだったけど　愛してるとか／決して　決して　云わないで」（第三・六連冒頭）などと書かれている通り、この詞には一見〈愛〉を軽視したり、否定したりするような言葉が含まれているがために、当時の大衆が入口で拒絶反応を覚えてしまい、後年になって、無軌道な若者たちが拙い恋愛の形を追想する内容のこの歌が持つ痛みや〈ほろ苦い味わい〉といったものが、正確に理解されるに至らなかったからなのかも知れない。

作曲者の馬飼野康二（一九四八年〜）は、作曲と並行して幅広い編曲の仕事も行っており、初期には西城秀樹、山口百恵、キャンディーズなどの楽曲を手掛けたが、近藤真彦の「ケジメなさい」（一九八四年）を皮切りに、男闘呼組、光ＧＥＮＪＩ、ＳＭＡＰ、ＫｉｎＫｉ Ｋｉｄｓ、嵐、関ジャニ∞、Ｓｅｘｙ Ｚｏｎｅなど、主にジャニーズ事務所に所属するアイドルグループに安定的に楽曲を提供して来たことで知られている。Ｍａｒｋ Ｄａｖｉｓ（男闘呼組向け）、Ｊｉｍｍｙ Ｊｏｈｎｓｏｎ（ＳＭＡＰ向け）など、外国人風のペンネームを使うこともあり、これはテレビＣＭにおいて外国人の作曲家が登用されることが多くなったことに対抗してのものであると説明されているものの、他に類例がなく、一種の自己韜晦もしくは自己顕示の形態の一つなのではないかと思われる。代表曲としては、和田アキ子に提供した本曲と前掲の「だってしょうがないじゃない」、西城秀樹に提供した前掲の「ちぎれた愛」と「激しい恋」の他、「傷だらけのローラ」（一九七四年）、「ブルースカイブルー」（一九七八年）、山口百恵の「ちっぽけな感傷」（一九七四年）、松崎しげるの「愛のメモリー」（一九七七年）、芦川よしみ・矢崎滋のデュエット曲「男と女のラブゲーム」（一九八六年）、光ＧＥＮＪＩの「勇気１００％」（アニメ「忍たま乱太郎」主題歌／一九九三年）などがある。

⑩ひと夏の経験♪（一九七四年＝昭和四十九年六月）

一九八〇年の十月、僅か二十一歳で日本武道館のステージ中央にマイクを置き、惜しまれつつ引退した伝説の歌手・山口百恵の楽曲について語る時、主に千家和也・都倉俊一コンビが曲を書いた前半期（一九七三年～一九七六年）と、主に阿木燿子・宇崎竜童コンビが曲を書いた後半期（一九七七年～一九八〇年）とに区分して考えると分かりやすい。さらに言えば、世間やマスコミなどの評価においては、大抵の場合、これらのうち後半期の方にスポットが当てられることが多く、百恵を紹介する際には、どうしても阿木・宇崎コンビが楽曲を提供した「横須賀ストーリー」（一九七六年）、「夢先案内人」（一九七七年）、「イミテイション・ゴールド」（同年）、「プレイバックpart2」（一九七八年）、「絶体絶命」（同年）、「美・サイレント」（一九七九年）、「ロックンロール・ウィドウ」（一九八〇年）、「さよならの向う側」（同年）などが代表曲であるとされ、これにさだまさしが書いた「秋桜《コスモス》」（一九七七年）、谷村新司が書いた「いい日旅立ち」（一九七八年）という全くタイプの異なる二曲を加えて、彼女が十八歳以降、引退するまでの活動を中心としてその音楽史が通覧されてしまう傾向がある。あるいは、それは百恵自身が「私をそのように見て欲しい」と望んだからなのかも知れないのだが、自分は敢えて、通常はスポットが当てられにくい百恵が十四歳から十七歳までの前半期の楽曲を重視するべきではないか、と考えている。何故なら、阿木・宇崎コンビによる〈ツッパリ系〉あるいは〈喧嘩をする女〉の百恵の世界や、さだや谷村が作り上げた〈翳りのある大人の女〉の百恵の世界などよりも、千家・都倉コンビが戦略的に作り上げてヒットチャートに乗せた〈未熟で繊細な少女の性〉を表した百恵の世界の方が遙かにスリリングかつ実験的であり、仮に百恵自身が余りこれを肯定的に捉えていなかったとしても、それらの楽曲が歌謡史に残した足跡は決して小さなものではなかったと思えるからである。

さて、その千家和也・都倉俊一コンビが提供した山口百恵の楽曲（シングルA面）は前半期の一五曲中九曲あるが、うち明確に〈少女の性〉を扱ったと言える歌は「青い果実」（一九七三年）、「禁じられた遊び」（同年）、「ひと夏の経験」（一九七四年）、「夏ひらく青春」（一九七五年）の四曲だけである。逆に言うと残りの五曲、即ちデビュー曲の「としごろ」（一九七三年）、「禁じられた遊び」と「ひと夏の経験」の間に発売された「春風のいたずら」（一九七四年）、初めてヒットチャートの一位を獲得したスロー・バラード調の「冬の色」（同年）、冒頭に「運命を信じますか…」という台詞が入る「湖の決心」（一九七五年）、「夏ひらく青春」の直後に発売され、都倉の提供による最終曲となる「ささやかな欲望」（同年）には、思春期の少女特有の不安や淋しさ、心の震え、愛する人への過剰な想いや覚悟といったものが歌われており、明確に性を意識したものとは言い難い。実はこの点が、千家・都倉コンビの戦略の周到な所であり、効果的に百恵の存在感を印象付けるようにするため、時に大胆に〈少女の性〉を扱いながら、一方でしばしば〈未熟で繊細な少女〉の内面世界を描くことによって、一連の曲の発表の流れに緩急を付け、意図的にイメージの落差を生じさせようとしていたものと推測される。加えて、今見ると若干意外に思えるが、この前半期の曲の中で累計売上げ枚数が最も多かったのは〈少女の性〉を扱った世間を騒がせた観のある四曲ではなく、「いつでもあなたが悲しい時は／わたしもどこかで泣いてます」という歌詞が印象的な、愛する人への強い想いを歌ったバラード調の「冬の色」であったということも、忘れてはならない。

前置きが長くなったが、「あなたに女の子の一番／大切なものをあげるわ」という刺激的な歌詞で始まる「ひと夏の経験」は前半期の〈少女の性〉を扱った四曲の中で、最も売れた曲として知られている。原詞のメインのモチーフは言うまでもなく「ずっと守って来た純潔を愛する人に捧げる」ことにあるが、興味深いのは千家和也の歌詞の中には二つの時間軸が併存しており、そのことによって主人公の少女の口から互いに矛盾する価値観が語られていることである。二つの時間軸とは、ズバリ〈経験前〉と〈経験後〉の時間軸なのだが、前者の段階では「汚れてもいい　泣いてもいい」あるいは「こわれてもいい　捨ててもいい」として、十五歳の少女が「愛は尊いわ」と、自らを納得させるために幼気《いたいけ》な覚悟を決めている様子が示される台詞が語られており、後者の段階においては「誰でも一度だけ　経験するのよ／誘惑の甘い罠」という一定の期間を経た後、過去を振り返ってつぶやいた内省の言葉が語られている。そもそも、性愛の事情を良く知っている大人たちにとって、初めて経験する性を前にして「愛は尊いわ」などという台詞を使うのは、好奇心や快楽の存在を隠蔽するための綺麗事に過ぎないように見える訳だが、未だ十五歳の少女ならばあるいは本気でそのように思っている可能性があり、千家はここでまず、そうした可能性を示すことによって、それを見ている大人たちの背徳感を刺激し、インモラルな世界を擬似体験させようとしているものと推測される。また、そこに「誰でも一度だけ　経験するのよ／誘惑の甘い罠」というサビの部分の〈事後〉の独白を重ねることによって、一度しか体験出来ない初めての性愛の行為の扉がしばしば「誘惑」によって開かれてしまうことが明かされるのだが、ここには強い覚悟を持って「綺麗な泪色に輝く／大切なもの」を捧げたつもりの少女が、実際には悪い男の誘惑によって、不本意ながら遊ばれてしまった（愛が成就しなかった）可能性が示唆されており、今度はそれが大人たちの心の痛みをかき立てることになる。つまり、この歌詞の中には、意図的に二つの時間軸を併存させることによって、十五歳の少女に相矛盾する価値観を語らせ、大人たちに背徳感と痛みを同時に体験させるような仕掛けがなされているのだ。

作曲者の都倉俊一（一九四八年〜）は前・日本音楽著作権協会会長。特に千家と組んだ前半期の山口百恵の楽曲と、阿久悠と組んだ山本リンダ、ペドロ&カプリシャス、ピンク・レディーなどに提供した楽曲が有名だが、竜真知子と組んだ狩人の「あずさ二号」（一九七七年）、「コスモス街道」（同年）、松本隆と組んだ高田みずえの「パープル・シャドウ」（一九七八年）、阿木燿子と組んだ郷ひろみの「ハリウッド・スキャンダル」（同年）など、他にも多くの先駆的な曲を発表しており、後期昭和歌謡の歴史を作った中心的存在と言えるだろう。

⑪甘い生活♪（一九七四年＝昭和四十九年十月）

マルチェロ・マストロヤンニとアニタ・エクバーグが主演したフェデリコ・フェリーニ監督の映画「La dolce vita：邦題＝甘い生活」（一九五九年）と全く同じタイトルを持つ本曲の歌詞の内容が、フェリーニの映画と何ら関係がないことは敢えて説明するまでもないが、この時期の歌謡曲の作り手たちが少なからず外国映画の影響を受けていたためか、山口百恵の「禁じられた遊び」（一九七三年）＝ブリジット・フォッセー主演、ルネ・クレマン監督のフランス映画（一九五二年）、西城秀樹の「若き獅子たち」（一九七六年）＝マーロン・ブランド主演、エドワード・ドミトリク監督のアメリカ映画（一九五八年）、沢田研二の「勝手にしやがれ」（一九七七年）＝ジャン＝ポール・ベルモンド主演、ジャン＝リュック・ゴダール監督のフランス映画（一九五九年）などに見られるように、この当時、十五年から二十年程度前に公開された外国映画の邦題から曲名を採った例は少なくない。また、映画ではなく、誰もが知っている戯曲や小説のタイトルから曲名を採ったと思われるものに弘田三枝子の「人形の家」（一九六九年）＝ヘンリック・イプセン、久保田早紀の「異邦人」（一九七九年）＝アルベール・カミュ、松田聖子の「風立ちぬ」（一九八一年）＝堀辰雄、斉藤由貴の「悲しみよこんにちは」（一九八六年）＝フランソワーズ・サガンなどがあり、そこには作り手たちが既存の権威を利用してより商品を大きく見せようとする〈広告戦略〉としての意識と、既存の権威を揶揄するための〈知的遊戯〉としての意識とが併存していたように感じられる。ただ、ここで重要なのは、昭和時代には未だ既存の文化的な権威に揺るぎない価値が存在していたということである。平成に入り、グローバル化と言う名の均質・効率・安価を絶対的な価値基準とする商法が世界中の経済を支配し、インターネットが普及して不可避的に玉石混淆の情報が世に溢れてしまった現在、文化的な権威を支える共同幻想は悉く崩壊してしまったか、極めて狭いマイノリティーのポジションに押し込められてしまっており、〈広告戦略〉や〈知的遊戯〉の対象になり得るような既存の権威が存在しているとは言い難いのが現実ではないだろうか。「本歌取り」や「パロディ」が成立するための下地、人々に共有されている最大公約数的な教養といったもの（あるいはアニメやゲームの世界には、現在もそうしたものがあるのかも知れない）がほとんど霧散してしまった今、文化的な表現に携わる者たちは誰もが瓦礫の山を前にし、荒地に立って創作することを強いられているのかも知れない。

さて、山上路夫が詞を書き、野口五郎の所属レーベルであるポリドール・レコード出身の筒美京平が曲を付けた本曲は野口の最大のヒット曲として知られているが、それでも49・4万枚程度の売上に過ぎず、第二位の「私鉄沿線」（山上作詞／佐藤寛作曲／一九七五年）が45・3万枚、第三位の「針葉樹」（麻生香太郎作詞／筒美作曲／一九七六年）が41・4万枚でしかなかったことから、野口が実力の割に大ヒットとは縁遠い歌手に過ぎなかったことが分かる。この点、新御三家と呼ばれた三人の男性アイドルの中では、「ＹＯＵＮＧ　ＭＡＮ」（一九七九年）で80・8万枚、「激しい恋」（一九七四年）で58・4万枚、「ちぎれた愛」（一九七三年）で47・5万枚を売上げた西城秀樹、「よろしく哀愁」（一九七四年）で50・6万枚、「哀愁のカサブランカ」（一九八二年）で50・1万枚、「GOLDFINGER'99」（一九九九年）で46・0万枚を売上げた郷ひろみを下回っており、シングル盤の累計売上枚数で見ても、780万枚程度に留まっている野口の実績はいずれも一千万枚を超える郷、西城に遠く及ばない。それでも野口の歌った曲には隠れた名曲が多く、「オレンジの雨」（吉田栄子作詞（大日方俊子補作）／筒美作曲／一九七三年）、「君が美しすぎて」（千家和也作詞／馬飼野俊一作曲／同年）、「愛さずにいられない」（阿久悠作詞／馬飼野作曲／同年）、「こころの叫び」（阿久作詞／筒美作曲／一九七四年）、「哀しみの終るとき」（山上作詞／筒美作曲／一九七五年）、「夕立のあとで」（山上作詞／筒美作曲／同年）、「女友達」（山上作詞／佐藤作曲／一九七六年）、「きらめき」（山上作詞／筒美作曲／同年）、「むさしの詩人」（松本隆作詞／佐藤作曲／一九七七年）など、いずれも後期昭和歌謡の一時期を支えたプロたちの仕事が光る佳曲揃いと言える。しかしながら、これらの曲が残念ながらどれも圧倒的なヒットに結びつかなかったのは、あるいはCharに匹敵する程のギター奏者としての技量を持ち、キャスト（アイドル）とスタッフ（裏方）の双方をこなせる器用さを兼ね備えていたがゆえに、どうしても着せ替え人形の如き存在に過ぎないキャストに徹しきれず、必然的に地味な存在となってしまった野口の特性や性格に起因するものがあったのではないだろうか。

ところで、本曲の詞は、先に取り上げた「また逢う日まで」と同様、同棲を解消して別れようとしている男女の様子と、その内面に生じた痛みを男性の側から描写したものである。ここには

「揃いのモーニングカップ」「(同棲を知らせる)転居通知のはがき」「(土曜日の夜に飲みに行った)馴染みの店」「(入居時、ベッドを運んだ際に付けた)壁の傷」など、いずれもそこに誰にでも思い当たる〈ささやかな幸福〉が確かに存在したことを象徴する巧みな小道具が使われており、その意味において、本曲の作詞者・山上路夫による普遍性の演出は見事であると言っていい。これに対して「愛があればそれでいいと／甘い夢をはじめたが／今では二人からだ　寄せても愛は哀しい／何かがこわれ去った　ひとときの甘い生活よ」というサビの部分の歌詞では、この男女の別れの原因は敢えて明確にされていない。「愛は哀しい」というのは単なるマンネリ化によるものなのか、経済的な事情からこれ以上前に進めない(結婚に踏み切れない)ことに限界を感じてのものなのか、それとも二人の同棲を阻むような(親や共同体などによる)外的な圧力が加えられたからということなのか…。いずれにしても、この二人の間で「こわれ去った」ものは愛でなく、愛の維持に不可欠な継続の前提となる環境の方なのだろう。ただ、そもそも男女の同棲というスタイル自体、所詮一過性のものに過ぎず、その全てが最初は甘く、最後はほろ苦い〈定型〉を持つものであるとするならば、味覚の〈甘さ〉と見通しの〈甘さ〉を掛けた本曲のタイトル自体がその本質を正確に言い当てており、そもそも別れの原因など最初から問題とされていないのかも知れない。

⑫時の過ぎゆくままに♪（一九七五年＝昭和五十年八月）

沢田研二の最大のヒット曲である本曲は、通常の歌謡曲とは一味も二味も異なる出自を持っており、作詞家である阿久悠が、当時、TBSテレビのディレクターであった久世光彦より、沢田が主演する予定の連続ドラマのストーリー考案の依頼を受けたことに端を発する。久世と共に箱根湯本の温泉旅館に籠もり、三日間を費やして討議を重ねたものの、袋小路に入り込んで中々妙案が浮かばないと思われた時、阿久は「三億円事件も今年で時効だな」「沢田研二が三億円事件の犯人だったら、どうだろうね」とのアイデアを出し、久世の賛同を得て、その場で「使えない三億円を抱いてしまった青年の影でドラマを作る」「華麗な沢田研二を、苛められ、痛めつけられるような立場に置くことで、より妖しく見せる」といったドラマの基本コンセプトが決定したという。久世はこのドラマに「悪魔のようなあいつ」というタイトルを付け、阿久は一九六六年まで勤務した広告代理店・宣弘社時代に自身のアシスタントを務めていた朋友の上村一夫と組んでこの原案を劇画化し、まず女性週刊誌『ヤングレディ』に原作＝阿久・作画＝上村の漫画として先行連載が開始された。一方、テレビドラマの方はこれを元として（前年に公開された神代辰巳監督の映画「青春の蹉跌」などの脚本を書き、「青春の殺人者」で監督デビューする直前の）長谷川和彦が脚本を担当し、やがて久世から「何かいいテーマ曲が欲しいね」との要望を受け、かねてよりGS出身のソロ歌手の中で群を抜く魅力を持った沢田に一目置いており、「いつか沢田研二と組んで、ある世界を構築してみたいものだとひそかに思っていた」という阿久が、ようやく訪れたチャンスに「自信を持って書いた」旨を述懐しているのが本曲の歌詞である。さらに面白いのが、阿久が書いたこの詞に曲を付けるに当たって、稀代の戦略家でもあった久世のアイデアにより、同じGS出身のミュージシャンで、元々沢田との縁が深い井上忠夫（大輔）・井上堯之・大野克夫・加瀬邦彦の四人と、本ドラマに出演することが決まっていた役者で歌手でもある荒木一郎、山本リンダやペドロ&カプリシャスなどへの楽曲提供で阿久と組み、ヒットを生んだ実績を持つ都倉俊一という計六名の作曲家に曲付けが発注され、コンペティションの結果、（ディレクターである久世の判断により）大野の曲が採用されたというエピソードである。

こうして制作された全十七話からなるテレビドラマ「悪魔のようなあいつ」には沢田・荒木の他、藤竜也、安田（大楠）道代、那智わたる、篠ヒロコ（ひろ子）、悠木千帆（樹木希林）、尾崎紀世彦、岸部修三（一徳）、伊東四朗、加藤治子、三木聖子、若山富三郎らが出演し、現実の三億円事件とオーバーラップさせる効果を狙って毎回、ラストシーンに「時効まであと○○日」というテロップが入る奇抜な演出がなされた。さらに、藤竜也が演じた元刑事であるヤクザの元締め＝野々村修二と沢田が演じた主人公＝可門良との間に同性愛の関係が仄めかされていた上に、那智わたるが演じた高級娼婦＝日夏恵い子が、一方で難病に冒された可門を買う（可門は野々村の命令で日夏に買われる）設定があり、その他にもレイプシーンやベッドシーンが度々登場するなど、耽美的でインモラルかつ毒のあるストーリーが次々と展開されていき、途中から長谷川の脚本は阿久・上村コンビによる連載漫画を追い越して別物になってしまう。こうしたスキャンダラスで反社会的とも言える内容ゆえに、このドラマ自体は当時の世相に広く受け入れられたとは言い難かったものの、その一方でコアなファンが付いて伝説的な存在となり、主題曲（劇中歌）であった本曲は、沢田が道路脇を走るジャケット写真にもドラマと同様の衣装が採用されたこともあり、パナマ帽とサスペンダーという主人公のファッションの流行とシンクロするようにして、爆発的な売れ行きを見せた。

本曲の作曲者である大野克夫（一九三九年〜）は、田邊昭知率いるザ・スパイダースにおいてオルガンとスチールギターを担当し、同バンドの解散後は井上堯之バンドのメンバーとしてテレビドラマ「太陽にほえろ！」や「寺内貫太郎一家」などの主題曲・挿入曲を作編曲した。楽曲提供は後述する通り、沢田に対するものが圧倒的に多いが、他に桜田淳子の「ねぇ！気がついてよ」（阿久作詞／一九七六年）、西城秀樹の「ブーツをぬいで朝食を」（阿久作詞／一九七八年）、木之内みどりの「横浜いれぶん」（東海林良作詞／同年）などがある。

さて、本作品の歌詞を巡っては、当時沢田が所属していた渡辺プロダクションから横槍が入り、沢田のイメージの悪化を恐れて「堕ちてゆく」という言葉を変えて欲しい、との要求がなされたという逸話があるが、阿久はそもそも本曲の内容自体が「堕ちる歌なのだ」として、これを突っ撥ねている。沢田の魅力について「華やかさだけではなく、艶やかさもあり、危険をはらんだ毒性もあった。少女たちは花を見、はるか年長のプロの男たちは、毒を感じて評価していた」と見ていた十一歳年長のプロの男である阿久にとって、沢田の〈危険をはらんだ毒性〉をドラマの中で顕在化させるためには、何としてもこうした〈堕ちる歌〉が必要であった。それゆえ、如何に天下の渡辺プロダクションからの要求といえども、これだけは譲ることが出来ない、というのが骨太のプロ意識を持った阿久の偽らざる心情であったのだろう。だが、阿久が本曲によって沢田の〈危険をはらんだ毒性〉を顕在化させ、久世がエロスとバイオレンスをふんだんに盛り込み、テレビドラマにおける表現の限界に挑んだ「悪魔のようなあいつ」は、その後、二度と再放送されることは無かった。この年（一九七五年）の十二月に東海道新幹線の東京駅で、翌年の五月にやはり新幹線車中で沢田が暴行事件を起こし、沢田と暴力を結びつけるイメージを増長させることになりかねないとの判断から、恐らく渡辺プロダクションもTBSも、このドラマの存在を封印せざるを得なかったものと推測される。このようにして、いったん表舞台から消えたかに見えた沢田の〈危険をはらんだ毒性〉は、やがて本曲と同じ阿久・大野コンビによる多くの楽曲により、ヴィジュアル期と呼ばれる沢田の歌の中で蘇ることとなる。具体的には「勝手にしやがれ」（一九七七年）、「憎みきれないろくでなし」（同年）、「サムライ」（一九七八年）、「ダーリング」（同年）、「ヤマトより愛をこめて」（同年）、「LOVE（抱きしめたい）」（同年）、「カサブランカ・ダンディ」（一九七九年）、「OH！ギャル」（同年）など、ベストアルバム『ROYAL STRAIGHT FLUSH』（同年）に収められた楽曲を中心とし、これに喜多條忠・大野コンビによる「ロンリー・ウルフ」（同年）、糸井重里・加瀬コンビによる「TOKIO」（一九八〇年）と「恋のバッド・チューニング」（同年）、阿久・鈴木キサブローコンビによる「酒場でＤＡＢＡＤＡ」（同年）などが加わり、沢田は〈危険をはらんだ毒性〉の要素を、派手な衣装とパフォーマンスにより存分に表現し、これをエスカレートさせていった。ところが、こうした専らショーとしての側面が強調された一連の活動に「これ以上、ついていけない」と愛想を尽かした井上堯之が、大野と共に沢田のバックバンドを続けることを拒否し、離脱してしまったことから、沢田の音楽は事実上、阿久や大野の手を離れ、「許されない愛」（一九七二年）や「危険なふたり」（一九七三年）など、ソロデビュー後の初期から長く関わって来た加瀬、アルバム『ＴＯＫＩＯ』（一九七九年）や『ＢＵＤ ＴＵＮＩＮＧ』（一九八〇年）の編曲を務めた後藤次利、アルバム『Ｇ・Ｓ・Ｉ ＬＯＶＥ ＹＯＵ』（同年）や『Ｓ／Ｔ／Ｒ／Ｉ／Ｐ／Ｐ／Ｅ／Ｒ』（一九八一年）などの編曲を務めた伊藤銀次、作詞家の浅野裕子・岡田冨美子・三浦徳子、ベーシストの吉田建などの手に委ねられていく。このようにして、当初は久世のテレビドラマの企画に乗り、阿久が完成させた沢田の〈危険をはらんだ毒性〉の音楽表現の世界は一時、ＧＳの世界に回帰するなどして変容し、徐々に勢いを失っていくことになる。

　ところで、テレビドラマ「悪魔のようなあいつ」の主人公・可門良が劇中歌として歌唱することを前提に作られ、阿久が「堕ちる歌なのだ」と断じた本曲の歌詞に描かれた男女の関係は一体どのようなものであったと考えれば良いのだろうか？　その手掛かりになるのは、二番のサビの後半に出て来る「もしも二人が　愛せるならば／窓の景色も　かわってゆくだろう」という部分である。ここで、この男女は何らかの理由で「愛し合う」ことが不可能である旨が示唆されているが、そうなっている原因は、恐らく男女の間で異なっている。女性の側の原因は、各番の導入部にある「あなたはすっかり　つかれてしまい／生きてることさえ　いやだと泣いた／こわれたピアノで　想い出の歌／片手でひいては　ためいきついた」あるいは「からだの傷なら　なおせるけれど／心のいたでは　いやせはしない／小指に食い込む　指輪を見つめ／あなたは昔を　思って泣いた」という部分に表れており、強い結びつきを持っていた恋人もしくは夫と何らかの理由で離別もしくは死別した過去があり、そのことによる内面の傷痕が余りに深いために、真っ当な〈生や生活〉を送ることが出来ない程、精神が荒廃してしまった様子を見て取ることが出来る。これに対して、男性の側がこの女性を「愛せない」原因は歌詞の中には全く表れていないものの、自分はドラマの中の可門良がそうであったように、一時の寂しさを紛らわすため、この女性に買われている存在（男娼）であったというように見たい。基本的に、性を売る者が客を愛することはない。また、仮に精神の荒廃を抱える者を愛したとしても、そこに何かが生まれることなどないだろう。そのようにして、互いに諦念を抱いた男女が、何らの希望もなく、ただ惰性で冷たい身体を重ねるしかないという頽廃こそが「堕ちる歌」であるこの歌詞の本質なのではないだろうか。

⑬陽かげりの街♪（一九七五年＝昭和五十年十月）

ペドロ&カプリシャスと言うと、どうしても初代ヴォーカルの前野耀子が歌い、60万枚近い売上を記録したとされている大ヒット曲「別れの朝」（ウッド・ユルゲンス作詞作曲／なかにし礼訳詞／一九七一年）や、阿久悠・都倉俊一の黄金コンビが（無名のクラブ歌手から転身したばかりの）二代目ヴォーカルの高橋まり（現・髙橋真梨子）を売り出すために作ったと言われている「ジョニィへの伝言」（一九七三年）及び「五番街のマリーへ」（同年）といった曲が真っ先に思い浮かぶ。だが、自分としてはいずれもヒットのミッションをきちんと果たしたプロの仕事に対して率直に敬意を表したい気持ちはあるものの、一方は所詮、外国の曲のカヴァーであり、他方は「無国籍ソング」などとも揶揄されている通り、どこか異国情緒におもねったような所のある歌詞の内容に、どうしても共感し難い気持ちがある。そもそも、恥ずかしげもなくジョニィ（男性）だのマリー（女性）だのといった外国人を装った登場人物の名前（ついでに例示すると、ニーナ＝沢田研二、ローラ＝西城秀樹、ジョニー＝アリス、キャンディ＝原田真二、エリー＝サザンオールスターズ、モニカ＝吉川晃司、ジュリア＝チェッカーズ、エリス＝安全地帯なども同類型）を使うこと自体に違和感があるし、その不自然に乾いた空気感や変に達観したように見せる行動様式が余り好きになれない。

そんな中にあって、この曲は決して良く知られたヒット曲とは言えないと思うが、最近発売された髙橋真梨子の三枚組のベスト・アルバム『髙橋四〇年』（二〇一三年）に収められた曲を通して聴いてみて、実はペドロ＆カプリシャスの「隠れた名曲」だったのではないかとの確信を持ったため、敢えてここに加えることとした。因みに、この曲は日本テレビ系列で放映された刑事ドラマ「はぐれ刑事」（一九七五年）の主題歌でもあったらしいのだが、当時中学生だった自分は、専ら松田優作や中村雅俊などが出演していた「俺たちの勲章」（同年）や「俺たちの旅」（同年）といったアクション・青春系のドラマを観ており、平幹二朗や沖雅也などが出演していたというこのマイナーな刑事ドラマの存在を全く認識していなかった。

さて、この詞においては第一連の「はぐれ鳥」というキーワードがドラマのタイトルとリンクしているものと思われるが、ここには〈流浪する男がもたらす愛の不確かさ〉と〈かつてその男を愛してしまった女の喪失感〉といったものが描かれており、そこに陽かげりの街の濃い陰翳と昇る朝日の姿が重ねられることによって、何とも言えないヒリヒリとした感覚が伝わって来る。そして愛を失い、本来ならいたたまれない想いを抱えているはずの女が、一方で流浪を続ける男のことをきちんと理解しており、決して非難したりするそぶりを見せないことによって、この曲はありふれた失恋の歌と一線を画しているように見える。この女性は喪失感を抱えつつも、何故か不幸ではなく、この先もずっと幻の男の姿を愛し続けるようにすら映るのだ。その意味において、この歌詞には痛みを超克したかのような奇妙な永続性が内包されており、それがこの曲を極めて魅力的なものとしているように感じられる。

この歌の作詞者の一人・杉山政美（一九四七年〜）は、筒美京平音楽事務所を経て、一九七二年に作詞家となり、レイジーの「赤頭巾ちゃん御用心」（一九七八年）、ダ・カーポの「野に咲く花のように」（一九八三年）の他、天馬ルミ子、香坂みゆきなどの歌手に詞を提供したが、十年余りの活動機関を経て、昭和末期に司法書士に転身している（現在、作詞活動再開の準備中であるという）。一方の共同作詞者・麻生香太郎（一九五二年〜）は野口五郎の「針葉樹」（一九七六年）、「コーラス・ライン」（一九八〇年）の他、一九七〇年代後半から八〇年代前半にかけて、森進一、小柳ルミ子、小林幸子、TM NETWORKなどの歌手に詞を提供したが、一九八〇年代半ばよりエンタテインメント・ジャーナリストに転身し、音楽の分野だけでなく、映画、演劇、TVドラマなど、現在も幅広い表現ジャンルに関わって執筆活動を行っており、「ブレイク進化論」（一九九七年）、「ジャパニーズ・エンタテインメント・リポート」（二〇〇六年）、「誰がJ-POPを救えるか？」（二〇一三年）などの著書がある。

作曲者のヘンリー広瀬（一九四三年〜）は当初、ペドロ&カプリシャスに所属して、フルート、サックス、キーボード、ギター、パーカッションなど、様々な楽器を担当したが、一九七八年に脱退し、ヘンリーバンドを結成して現在まで活動を継続している。また、一九八二年より髙橋真梨子の音楽プロデューサーとしてその制作に携わるようになり、「桃色吐息」（一九八四年）、「はがゆい唇」（一九九二年）などのヒット曲を手掛けた。一九九三年、髙橋と結婚。本曲以外では、初期の髙橋に「夜明けのララバイ」（一九八一年）を提供している。

⑭硝子坂♪（一九七七年＝昭和五十二年二月）

本曲は、一般的に高田みづえのデビューシングルとして知られているが、元々は木之内みどりの五枚目のアルバムのタイトルソングとして発売されたものである。木之内のヴァージョンは編曲がギター伴奏中心のアコースティック調のものであったに対して、一方の高田のヴァージョンでは電子楽器や吹奏楽器などを多用した極めてドラマチックなアレンジがなされており、両者の発売日がたった一ヶ月しか違わない点から見て、恐らく、制作サイドは初めから双方を競作させる意図を持って、敢えてほぼ同時期に世に出したのではないかと推測される。当時、グラビアアイドルとしては絶大な人気を誇っていた十九歳の木之内のものはほとんど売れなかったのに対して、この時、未だ十六歳に過ぎなかった実力派の高田のものは31・1万枚のヒット曲となり、結果的に「硝子坂」と言えば高田の曲として認知されるようになってしまった。このようにして、先発のオリジナルより後発のカヴァーの方がヒットしてしまった例として、先に三木聖子による原曲（一九七六年）が発売され、その五年後に石川ひとみによるカヴァー（一九八一年）が発売されてロングヒットを生み、石川の代名詞ともなった「まちぶせ」（荒井由実作詞・作曲）、同様に、先に大友裕子による原曲（一九八二年）が発売され、その翌年、葛城ユキによるカヴァー（一九八三年）が発売されて同様の結果を生んだ「ボヘミアン」（飛鳥涼作詞／井上大輔作曲）などがある。これらは、いずれも制作サイドが先発歌手による興業の失敗を諦め切れず、起死回生を図るため、後発歌手による別ヴァージョンの制作を手掛けたものと推測されるが、僅か一ヶ月しか発売日が違わない本曲に限って言えば、仕掛け人たちにとって、歌唱力の伴わない木之内が歌ったヴァージョンがさほど売れない結果となったことは、元々想定の範囲内であったのかも知れない。

さて、本曲の歌詞は一貫して「夢の中」で始まり、「夢の中」で完結するシュールなものであり、イメージ上のモチーフとも言える「硝子坂」をキーワードとした失恋の歌であるが、そこに描かれている関係性は、恐らく〈不倫〉なのではないかと推測される。主人公の女性にとって、「あなた」が頂点に「たたずむ」坂は極めて脆いものであり、登ろうとするだけで簡単に壊れてしまうことが最初から見えてしまっている。それなのに「いじわるな」「あなたは」決して自ら坂を下りて来ようとはせず、「いつでも坂の上から／手招きだけを　くりかえす」だけである。その「夢の中」では、「見知らぬ人」が主人公の女性の心情を察して「悲しいのでしょう」と言ったり、逆に女性の方が「見知らぬ人」に対して、不安の余り「行けるのでしょうか」と問いかけたりする。この「見知らぬ人」は「あなた」ではなく、主人公と「あなた」の関係性が〈不倫〉であることを知る第三者であろう。主人公の女性は最終的に意を決して「あなた」に近づこうとするものの、飽くまで坂の上に留まるであろう「あなた」から「とうとう来たね」と声を掛けられても、素直に喜ぶことが出来ない。やがて、女性が身を翻して、坂を登ることを諦め「あなた」に対して「さよならの　手を振る」ことを意志決定した途端、目の前の「硝子坂」は粉々に砕け散り、消えてしまう。総括すると、この歌は、結末が想定されている〈不倫〉の恋愛の入口で迷い、苦しむ若い女性の心の叫びを表現したものであろう。こうした女性の心理を現実世界の中で描くのではなく、敢えて「夢の中」の世界に置き換え、抽象的かつ絵画的に表現した作詞の力量は大したものだと思う。

本曲の作詞者・島武実（一九四六年〜）は、本曲以外にも、宇崎竜童と組んで高田みづえに「だけど…」（一九七七年）、「ビードロ恋細工」（同年）の歌詞を書いた他、キャンディーズの「わな」（穂口雄右作曲／同年）、郷ひろみの「バイブレーション（胸から胸へ）」（都倉俊一作曲／一九七八年）などの詞を手掛けている。また、フジテレビ系娯楽番組「ダウンタウンのごっつええ感じ」（一九九一年〜一九九七年）や「ＨＥＹ！ ＨＥＹ！ ＨＥＹ！ ＭＵＳＩＣ ＣＨＡＭＰ」（一九九四年〜二〇一二年）の監修を務めたことでも知られている。

一方の作曲者・宇崎竜童（一九四六年〜）はダウン・タウン・ブギウギ・バンド（一九七三年〜一九八一年）や竜童組（一九八五年〜一九九〇年）などのリーダー兼ヴォーカル、映画・テレビドラマの俳優・音楽担当などの活動を行う一方で、妻で作詞家の阿木燿子と共に、研ナオコの「愚図」（一九七五年）、内藤やす子の「想い出ぼろぼろ」（一九七六年）、郷ひろみの「禁猟区」（一九七七年）などの曲を書いた他、「横須賀ストーリー」（一九七六年）を皮切りとして、後半期（一九七七年〜一九八〇年）の山口百恵の大半の楽曲を手掛け、この時期における百恵の〈ツッパリ系〉あるいは〈喧嘩をする女〉のイメージの形成に寄与した。

⑮ＵＦＯ♪（一九七七年＝昭和五十二年十二月）

昭和歌謡について網羅的に語ろうとする時、何故かピンク・レディーの存在がしばしば除外される傾向があるように思えるのは気のせいだろうか。これは飽くまで一つの推測だが、そうした扱いを受けることとなった最も大きな原因は、プロの仕掛け人たちが徹底的に作り上げた〈お気楽な馬鹿騒ぎ〉とも言うべき彼女らの興行が成功を収めたために、当時の実力派の歌手たちが少なからず割を食ってしまった側面があることと、その決して品性が高いとは言い難い〈安価な性玩具的イメージ〉ゆえに、多くの音楽関係者たちが正面から触れたがらないアンタッチャブルなポジションに貶められているからなのではないだろうか。あるいは現役時代、彼女たちには仕事を選ぶ自由意志がほとんど許容されておらず、事務所の指示に従って寝る暇もないような超過密スケジュールを「ただこなしていく」だけの極めて非人間的な扱いを受けていたことにつき、金の亡者たちに操られた一種の〈犠牲者〉であったという見方があり、そこに〈痛み〉や〈憐れみ〉の意識が働いているからなのかも知れない。

さて、そのピンク・レディーの楽曲は、この「ＵＦＯ」も含めて、そのほとんどが阿久悠・都倉俊一のコンビによって作られている。このコンビの楽曲提供の歴史を紐解くと、井上順の「昨日・今日・明日」（一九七一年）などの曲を皮切りに、山本リンダの「どうにも止まらない」（一九七二年）、「狂わせたいの」（同年）、「じんじんさせて」（同年）、「狙いうち」（一九七三年）、（二代目ヴォーカル＝髙橋真梨子時代の）ペドロ＆カプリシャスの「ジョニーへの伝言」（一九七三年）、「五番街のマリーへ」（同年）、フィンガー5の「個人授業」（同年）、「恋のアメリカン・フットボール」（一九七四年）など、何人かの特定の歌手に各々異なるタイプの斬新な曲を同時並行的に書くことを通じて、一九七〇年代の前半期に、既に万能ヒット・メーカーとしての不動のポジションを確立してしまっている。さらにこの二人は、その後に続く一九七〇年代の後半期を専らピンク・レディーへの楽曲提供に集中させるようになっており、その様相はまるで一大プロジェクトを立ち上げたかのようにすら見える。具体的には「ペッパー警部」（一九七六年）、「S・O・S」（同年）、「カルメン'77」（一九七七年）、「渚のシンドバッド」（同年）、「ウォンテッド（指名手配）」（同年）、「UFO」（同年）、「サウスポー」（一九七八年）、「モンスター」（同年）、「透明人間」（同年）、「カメレオン・アーミー」（同年）、「ジパング」（一九七九年）、「波乗りパイレーツ」（同年）、「マンデー・モナリザ・クラブ」（同年）、「OH!」（一九八一年）と、実に十四もの〈お気楽な馬鹿騒ぎ〉とも言うべき楽曲を連続して書き、二人に一種のコスプレ的な衣装を纏わせ、安っぽい色気を振り撒かせて、そのほとんどをヒットチャートの上位にランクインさせている。彼らは歌謡界のあり方をリアルタイムで変えていく喜びを感じつつ、正にこの時、彼らなりにプロとして真剣に〈遊びながら〉勝負していたのだろう。こうした例は日本の歌謡史にとって、特筆すべき事象であったはずなのだが、「ジパング」の頃からその人気に翳りが見え始め（というより、一九七八年にライバル視されていたキャンディーズの解散という出来事があり、これを契機に聴衆が〈馬鹿騒ぎ〉を続けることに飽きてしまったというのが実態なのかも知れない）、栄華を誇った天才ヒット・メーカーたちによる一大プロジェクトも徐々に終焉に向かっていく。

ところで、この「ＵＦＯ」の歌詞を良く読むと、実はいわゆる「未確認飛行物体」のことも、その「未確認飛行物体」に乗っているはずの宇宙人のことも、全く歌っていないことに気付く。「地球の男に　あきたところよ」という〈決めの一行〉や、あの二人の銀のコスチュームを見ると、何となく宇宙人との異次元の恋愛の場面に遭遇したような気になってしまうが、それは単なる見せ掛けに過ぎない。この歌詞の主人公の女性は、以心伝心で想いが通じるだけでなく、自然体で自分に尽くしてくれる相手に初めて巡り会い、それまでの（中々想いが通じない、自分の方が尽くしてばかりいた）男とはまるで違うことに心底驚いて「信じられない」を連発しつつ、不意に訪れた幸福感・充足感に戸惑っている。要は、それまでの彼氏（＝地球の男たち）が全部クズの様な男であったがゆえに、その落差を強く自覚し「今度の彼氏はこんなに素敵な人なの」「信じられないでしょ？　でも、嘘じゃないの。全部、本当にあったことなのよ。」と、全身で喜びに打ち震えつつ、まるで「オレンジ色の光」に包み込み、私をさらっていく宇宙人のようだという比喩によって、自身の恋の成果を周囲に披瀝している歌なのだ。従って「地球の男に　あきたところよ」という一見、挑発的に見える〈決めの一行〉を、決して全ての男性に愛想を尽かしたことを表現した〈訣別宣言〉のように読んではならない。実際にはそうした過去の男たちとの訣別が主題なのではなく、まるで宇宙人に遭遇したかのような「信じられない」恋の成就の様相を、どうしても周囲の女友達に対して黙っていることが出来ない〈乙女心の自然な発露〉こそが、この歌詞の主題だからだ。

そういう意味では、この歌詞における男女の関係性は現在のように女性の地位が著しく向上する前の段階に留まっており、今読むと、主人公の弱気が透けて見える部分もあって、その〈乙女心の自然な発露〉の描写は、微笑ましくすらある。何故なら、この曲がヒットしてから約十年後の一九八六年末頃よりバブル景気が始まり、一九九一年頃に壊滅的な崩壊を迎えるまでの間、男女の関係は一種の競争原理により「金で誠意を証明する」ことで成立する要素が強くなり、恋の巷は「アッシー君」「メッシー君」「貢ぐ君」などといった、本命の彼氏ではないものの、金銭の力で少しでも美女と接点を持とうとする馬鹿な男たちと、それらの者をいいように操って自尊心を満たす中身のない女たちであふれることになるからだ。無論、そうした現象が真の女性の地位の向上を意味する訳ではなかったのだが、バブル景気の頃、少なくとも恋愛市場においては、資産インフレに伴って女性の力が強くなったかのように見える表層が生じていた。そして、本来は自然体で自分に尽くしてくれる相手を賛美するために書かれたにもかかわらず、この歌詞の「飲みたくなったらお酒／眠たくなったらベッド」（第二連）という部分が、図らずも十年後の自ら女性に僕《しもべ》になりたがる男たちの登場を予言し、先取りしていたように見えるのは、正に歴史のアイロニーと言っていいだろう。

⑯かもめが翔んだ日♪（一九七八年＝昭和五十三年四月）

この選集を書き始めた時、昭和歌謡の歴史を紡いできた多くのプロの作詞家たちの仕事に敬意を表し、それらを再評価したいという気持ちがあったことから、当初より基本方針として（作詞一本で食べている訳ではない）シンガーソングライターの曲は扱わないことを決めていた。しかしながら、この曲は元々、詞も曲も書く渡辺真知子が歌ったものではあるものの、詞が伊藤アキラのものであったことに加えて、渡辺自身が他のフォーク・ニューミュージック系の歌手とは異なり、テレビやラジオ、雑誌などの出演・取材を積極的に引き受けるスタンスを取っていて、シンガーソングライター然としていない天真爛漫な性格と、決して気取らない親しみやすさを持っていたことから、彼女自身も昭和歌謡の歴史の一端を担っていたと考えても差し支えないのではないかと考えて、例外としてここに取り上げることとした。渡辺はデビュー曲の「迷い道」（一九七七年）以来、ほとんどの歌の作詞作曲を自身で手掛けているが、本曲と「たとえば…たとえば」（一九七九年）、「季節の翳りに」（同年）、「たかが恋」（一九八一年）などの詞を伊藤アキラが、カネボウ化粧品のCMソング「唇よ、熱く君を語れ」（一九八〇年）の詞を東海林良が、テレビドラマ「夜の傾斜」の主題歌「いちどだけ冒険者」（同年）の詞をちあき哲也が、「気になるあいつ」（一九八五年）の詞を内藤綾子が提供している。また、「好きと言って」（一九八二年）の詞は、渡辺と伊藤の共作となっており、ブティックJOYのCMソングであった「メソポタミア・ダンス」（一九九一年）は、詞・曲ともに活動内容不詳の美里如彫（誰かのペンネーム？）によるものとなっている。

さて、この曲は渡辺のセカンドシングルであり、デビュー曲の「迷い道」が61・3万枚もの売上を記録して一躍脚光を浴びていただけに、多大なプレッシャーの中で制作されたものと推測される。その時のいきさつについて、渡辺は最近のTBSラジオ「爆笑問題の日曜サンデー」（二〇一五年五月十七日放送）の中で、当時、CBSソニー傘下の所属事務所と制作サイドが進めていた方針により、この時には伊藤の詞が先にでき上がっており、それを見せられて、即興により、その場で大半の部分の曲を作ってしまったことを明かしている。ただし、その時に書き上げたものは「ひとはどうして」以下の部分であり、これに対して制作サイドから「これでは何かが足りない」との指摘がなされ、これを受けた伊藤が冒頭の「ハーバーライトが朝日に変わる／そのとき一羽のかもめが翔んだ」の部分を書き加え、これに渡辺が作って持参していた詞のない新曲のうち、一曲のサビの部分を当て嵌めて完成させたという。この最終段階の加工により、この歌は「迷い道」に負けず劣らずのインパクトのある曲となり、46・0万枚もの売上を記録した渡辺の代表曲の一つとなった。

ところで、この歌はリズミカルなアレンジの効用もあって、一見とても明るく元気な曲のように感じるが、伊藤の詞自体は明らかに失恋の内容となっており、そこには極めて大きな落差がある。かつて港と女を愛したものの、突然、それらから離れて「ひとりで生きる」ことを選択した男。男のことを中々諦めることができず、男との想い出を求めてオフシーズンの港を訪れ、潮の香りを全身に浴びて苦しみを感じている女。「あなたが本気で愛したものは／絵になる港の景色だけ」という部分から、男は表現に関わっている者（画家・写真家・映画人・詩人・歌人・俳人など）であり、港とは別の〈絵になる景色〉を求めて女の元を去ったものと想像できるが、これは裏を返せば、男が女のことを本気で愛していなかったことを意味しており、そこには残酷な現実を突き付けられた女の悲嘆の想いが込められている。そして、渡辺はこうした詞に対して敢えて悲嘆など吹き飛ばしてしまうかのような〈勢い〉のある曲を付けており、その落差がこの歌の魅力を強固なものとしているように見える。

作詞者の伊藤アキラ（一九四〇年〜）は、野口五郎や松本ちえこなど、渡辺以外の歌謡曲の歌手に対しても多くの詞を書いているが、むしろ一九六〇年代から幅広く活躍して来たCMソングの作詞家の大御所として知られており、「この木なんの木」（日立グループ「日立の樹」）、「パッとさいでりあ」（新興産業「さいでりあ」）、「やめられない　とまらない」（カルビー「かっぱえびせん」）、「しあわせって　なんだっけ」（補作詞／キッコーマン「ぽん酢しょうゆ」）など、誰でも耳にしたことのある親しみ易い詞を数多く手掛けている。その他、フジテレビの子供向け番組『ひらけ！ポンキッキ』の挿入歌「はたらくくるま」などの詞や、NHKの音楽番組『みんなのうた』で使用されたゴダイゴの「ビューティフル・ネーム」（一九七九年）の詞なども書いており、もはや国民的な作詞家と言っても差し支えないだろう。

⑰さらばシベリア鉄道♪（一九八〇年＝昭和五十五年十一月）

三年程前、坂本冬美の〈冬に聴きたいラブソング〉をコンセプトとしたカヴァー曲を中心とするアルバム『Love Songs II～ずっとあなたが好きでした～』（二〇一〇年）を聴いていたところ、その五曲目に妙に耳に残る歌があり、頭の中が旋律に占拠されたような経験をした。「あなた以上冷ややかな人はいない」とか「君は近視まなざしを読みとれない」とか、時折出て来る歌詞の中にも妙に気になる部分がある。そこで、この曲の来歴をネットで調べて見たところ、伝説のロックバンド・はっぴいえんどのメンバーであった松本隆と大瀧詠一のコンビが最初に太田裕美に楽曲を提供し、この時にはヒットしたとは言い難かったものの、その翌年に大瀧自身の歌唱により、アルバム『A LONG VACATION』（一九八一年）のB面最終曲にセルフカヴァーが収録され、やがてロングセラーとなったこのアルバムの代名詞とも言える曲として、広く世に受け容れられるに至ったという経緯があることを知った。自分は坂本の歌唱を聴くまで、（恥ずかしながら）全くこの曲の存在を知らなかったのだが、松田聖子を初めとして、後期昭和歌謡の多くの歌い手に夥しい数の作詞を提供している松本の存在は従来から気になっており、この選集にどの曲を選定しようかとあれこれ悩んでいたこともあり、思い掛けず坂本・太田・大瀧の三人の歌唱に触れて自分のインスピレーションが働いたため、すんなりこの曲を選ぶことに決めた。松本と言えば、その作詞家としての地位を不動のものとしたと言われる同じ太田裕美の最大のヒット曲「木綿のハンカチーフ」（筒美京平作曲／一九七五年）を想起するのが通常だと思うが、同曲が巷に流れていた当時、その〈ありふれた物語性〉と身勝手な男の行為を許容する旧いタイプの〈受身に徹する女性〉の姿に抵抗感を覚えたこともあり、敢えてこれを選ばなかった。当時、世の男性たち、特に中高年世代は同曲の詞に一種の郷愁を覚え、そこに歌われている〈受身に徹する女性〉にいじらしさを感じて支持したものと推測できるが、同曲が持つ物語性は明らかに時代の流れに逆行するものであり、その保守性に違和感を持つ者も少なくなかったのではないだろうか。

さて、本曲「さらばシベリア鉄道」（以下、「さらば」という）の詞は、その「木綿のハンカチーフ」（以下、「木綿」という）と同様に、かつて恋人であった男女の離別をモチーフとしており、各々が噛み合わぬメッセージを交互に交わす形式を取っている点については全く同じである。二つの歌詞に決定的に異なる点があるとすれば、「木綿」では女性は常に一歩下がって、男性を尊重する（あるいは身を案じる）立場に終始しているのに対して、「さらば」においては、女性がほぼ対等のポジションにおり、男性の〈冷たさ〉を非難し、自らその元を離れていくだけの自主性・能動性を持っていることである。さらに言えば「木綿」の男性は、徐々に女性への関心を失っていき、最終的には都会（や都会の女性）の魅力から逃れられない（帰れない）状態になってしまうのに対して、「さらば」の男性は、女性との（互いの表現の拙さにもとづく）想いのすれ違いに気付き、「いつまでも待っている」として、女性の自主性・能動性を尊重しながらも、相手への想いを最後まで維持し続けており、いくらか復縁の可能性を残していることである。ところで、本曲の女性はシベリア鉄道に乗ってロシアを旅していることだけは明確であるものの、男性が何処にいるのかが判然としない。元々、この大陸横断鉄道はロシア国内だけでなく、ヨーロッパ諸国やアジアの国々との直通運転を行っているため、女性がこの鉄道に「飛び乗った」場所は、ロシア以外のロシアより南に位置する国であったと考えるのが自然である。逆に言うと、直通運転が不可能な日本からは、そもそもシベリア鉄道には「飛び乗れない」ため、男性が日本にいる可能性は排除される。いや、日本からも飛行機や船で行けるではないか、との反論があるかも知れないが、搭乗・乗船時刻が厳格に管理されている飛行機や船に「飛び乗る」ことなど出来ないだろう。従って、男性はそのロシアより南に位置する(ロシア語が公用語ではない)国に留まり、女性の姿を「北の空を追う」ようにして幻視していることになると思うのだが、どうであろうか。

作詞者の松本隆(一九四九年〜)は、当初ロックバンド・はっぴいえんどのドラマーであったが、一九七二年末の同バンドの解散後は、専ら作詞家としての活動に専念するようになり、アグネス・チャン、太田裕美、近藤真彦、松田聖子、薬師丸ひろ子、斉藤由貴などの歌謡曲系の歌手だけでなく、フォーク・ニューミュージック系の歌手も含め、多くのシンガーに夥しい数の楽曲を提供した。特に筒美京平と組んだものに佳曲が多く、先に挙げたミリオンセラーの「木綿」の他に、太田裕美の「雨だれ」(一九七四年)、「赤いハイヒール」(一九七六年)、中原理恵の「東京ららばい」(一九七八年)、桜田淳子の「リップスティック」(同年)、桑名正博の「セクシャルバイオレットNo.1」(一九七九年)、近藤真彦の「スニーカーぶる〜す」(一九八〇年)、C―C

―Bの「Ｒｏｍａｎｔｉｃが止まらない」（一九八五年）、斉藤由貴の「卒業」（同年）、小泉今日子の「魔女」（同年）、本田美奈子の「Ｔｅｍｐｔａｔｉｏｎ（誘惑）」（同年）、中山美穂の「ツイてるねノッてるね」（一九八六年）などがある。また、朋友の大瀧と組んで提供した楽曲に、松田聖子の「風立ちぬ」（一九八一年）、森進一の「冬のリヴィエラ」（一九八二年）、薬師丸ひろ子の「探偵物語」（一九八三年）などが、同じく細野晴臣と組んで提供した楽曲に、イモ欽トリオの「ハイスクールララバイ」（一九八一年）、ＹＭＯの「君に、胸キュン。」（坂本龍一・高橋幸宏・細野晴臣作曲／一九八三年）、ジブリ映画の主題歌であった安田成美の「風の谷のナウシカ」（一九八四年）などがある。この他、職業作詞家としてのデビュー作とされるチューリップの「夏色のおもいで」（財津和夫作曲／一九七三年）、テレビドラマ「俺たちの勲章」の主題歌であったトランザムの「あ、青春」（吉田拓郎作曲／一九七五年）、野口五郎の「むさし野詩人」（佐藤寛作曲／一九七七年）、水谷豊の「はーばーらいと」（井上陽水作曲／同年）、原田真二の「ていーんずぶるーす」「キャンディ」「シャドー・ボクサー」（いずれも原田作曲／同年）、高田みづえの「パープル・シャドウ」（都倉俊一作曲／一九七八年）、竹内まりやの「ＳＥＰＴＥＭＢＥＲ」（林哲司作曲／一九七九年）、南佳孝の「スローなブギにしてくれ」（南作曲／一九八一年）、寺尾聰の「ルビーの指環」（寺尾作曲／同年）、松田聖子の「赤いスイートピー」「渚のバルコニー」（いずれも呉田軽穂＝松任谷由実作曲／一九八二年）、薬師丸ひろ子の「Ｗｏｍａｎ〈Ｗの悲劇〉より」（同じく呉田作曲／一九八四年）、中森明菜の「二人静〈天河伝説殺人事件〉より」（関口誠人作曲／一九九一年）、「愛撫」（小室哲哉作曲／一九九四年）、ＫｉｎＫｉ Ｋｉｄｓの「硝子の少年」（山下達郎作曲／一九九七年）、中島美嘉の「ＣＲＥＳＣＥＮＴ ＭＯＯＮ」（大野宏明作曲／二〇〇二年）、松たか子の「Ｃｌｏｖｅｒ」（松作曲／同年）など、音楽史に残る数多くのヒット曲の歌詞を書いており、その功績は極めて大きなものと言えるだろう。

作曲者の大瀧詠一（一九四八年〜二〇一三年）は、松本らと結成したはっぴいえんどのギタリストとしてスタートし、同バンドの解散後はナイアガラ・レーベルを設立、ソロ・アルバムやナイアガラ・トライアングル（一九七六年版では大瀧と山下達郎、伊藤銀次、一九八二年版では大瀧と佐野元春、杉真理）としての活動、音楽プロデューサーとしての活動、シンガー・作曲家・編曲家としての活動などを並行して手掛け、マルチクリエイターとして、様々な分野でその才能を発揮した。松本と組んで、本曲や先程挙げた楽曲を書いた他、詞・曲を書き、その後数多くのアーティストにカヴァーされた吉田美奈子の「夢で逢えたら」（一九七六年）、作・編曲を手掛けた小林旭の「熱き心に」（阿久悠作詞／一九八五年）、テレビアニメ「ちびまる子ちゃん」の挿入歌であった渡辺満里奈の「うれしい予感」（さくらももこ作詞／一九九五年）などを世に送り、ナイアガラサウンドと呼ばれる独自の作風で一時代を築いた。

⑱もしも明日が…。♪（一九八三年＝昭和五十八年十二月）

テレビ朝日系の娯楽番組「欽ちゃんのどこまでやるの！？」（一九七六年〜一九八六年）の挿入歌として作られ、お世辞にも歌が上手いとは言い難い素人同然のタレント・わらべが歌うこの曲が、大方の予想に反して百万枚近い売上となる大ヒットを記録していた当時、自分はこの歌が提示しようとしている世界に何となく嘘くさい雰囲気を感じてしまい、どうしてもうまく馴染むことができなかった。そうした自分の思いが一気に覆されたのは、相米慎二監督の映画「台風クラブ」（一九八五年）の後半の一シーンにおいて、大型台風が迫り来る校舎に取り残された女子四人、男子二人の計六人の中学生たちが、不安と恐怖に包まれた一種の極限状況の中で、日頃抑圧していた感情を一気に開放するに至って躁状態になり、全員揃って夜の校庭に出た後、この曲を歌いながら大雨に濡れつつ半裸で踊るシーンを観たことによる。この映画の印象が余りに強烈だったため、自分にはこの素人っぽい歌の中に嘘くさいというだけでは説明のつかない〈何か〉が潜んでいるように感じられた。もちろん、相米監督がどのような意図により、本曲をこのシーンに採用したのかは良く分からないのだが、それ以来、本曲にはこのＡＴＧ映画の刻印が押され、自分にとって、抑圧と解放の双方の感情が併せて仮託された（決して嘘くさくはない）謎めいた歌として認識されるようになった。

さて、そうした外部要因による認識とは別に、この歌の歌詞を丁寧に読んでいくと、ここには単純な恋愛とはまるで異質の、極めて限定された状況でのみ成立する世界が展開されていることに気付く。この歌詞の中で度々「愛する人よ」と呼びかけている主人公が、その愛する人に期待する内容は、「もしも…」という一種の仮定的前提が成就した時には「そばにいて」とか「呼びにきて」とか「逢いにきて」とか「なぐさめて」いった程度のことでしかない。換言すれば、この歌の主人公は病床にあるなどの理由で、自ら積極的に動くことがかなわない状況にあるということになる。しかも、この希望は極めて弱々しいものでしかなく、既に色々なことを諦めていて「多くは望まない」境地にあるようにすら見える。さらにこの主人公の言葉は「今日の日よ　さようなら／夢で逢いましょう」とか、「今日の日を　想い出に／そっと残しましょう」といったように、非常に現実感や生気が希薄であり、既に死期を悟っている中で発せられているようにすら見える。いや、それどころか、この歌の主人公は既に亡くなっており、その精霊がこのような言葉を発しているのだと読むべきなのかも知れない。仮にそうであるとすれば、この曲が映画「台風クラブ」に採用された理由についても合点がいく。そのラストシーンで、主人公の三上恭一は「死は生きることの前提なんだ」「俺たちには厳粛に生きるための厳粛な死が与えられていない」「俺が死んでみせてやる。みんなが生きるために」と語り、皆の目の前で教室の窓から飛び降りて自死するからである。

この歌の作詞者・荒木とよひさ（一九四三年〜）は、芹洋子の歌唱で有名な「四季の歌」の詞・曲を書いたことで知られ、三木たかしと組んで、わらべに「めだかの兄妹」（一九八二年）と本曲の詞などを、テレサ・テンに「つぐない」（一九八四年）、「愛人」（一九八五年）、「時の流れに身をまかせ」（一九八六年）などの一連のヒット曲の詞を書いた他、浜圭介と組んで森昌子に「哀しみ本線日本海」（一九八一年）を、桂銀淑に「すずめの涙」（一九八七年）などの詞を提供している。また、作曲も行うシンガー・堀内孝雄に対しては「ガキの頃のように」（一九八八年）、「恋唄綴り」（一九九〇年）、「影法師」（一九九三年）など、特にたくさんの詞を書いており、その他にも五木ひろしや八代亜紀、香西かおり、日野美歌、（元妻であった）神野美伽など、主に演歌系の歌手に対して、温もりのある数多くの歌詞を提供した。

作曲者の三木たかし（一九四五年～二〇〇九年）は、「夕月」（なかにし礼作詞／一九六八年）を歌った黛ジュンの兄にあたり、当初は歌手を志したものの、戦後の歌謡界を代表する作曲家・船村徹から転向を進められ、一九六〇年代後半より作曲家として活動した。本曲の荒木以外にも、なかにし礼、山上路夫、千家和也、松本隆など、様々な作詞家と組んで夥しい数の曲を書いたが、特に阿久悠と組んだものに秀作が多く、あべ静江の「コーヒーショップで」（一九七三年）、伊藤咲子の「木枯しの二人」（一九七四年）、「乙女のワルツ」（一九七五年）、「きみ可愛いね」（一九七六年）、ザ・バーズの「ふり向くな君は美しい」（同年）、西城秀樹の「君よ抱かれて熱くなれ」（同年）、「若き獅子たち」（同年）、石川さゆりの「津軽海峡・冬景色」（一九七七年）、「能登半島」（同年）、岩崎宏美の「思秋期」（同年）、「あざやかな場面」（一九七八年）など、いずれも歌謡史に残る名曲として人々の心に刻まれている。

⑲ミ・アモーレ♪（一九八五年＝昭和六十年三月）

二〇一〇年十月に無期限活動休止を表明して以来、ほとんど表舞台に姿を現すことがなくなってしまった歌手・中森明菜のことを自分が最初に意識したのは、雑誌『写楽』（小学館）の一九八三年二月号の表紙と特集グラビア（撮影＝杉山芳明）に掲載された未だ頬がふっくらとしていた頃の写真を観た時だったように思う。時期としては、明菜の最大のヒット曲である三枚目のシングル「セカンド・ラブ」（来生えつこ作詞／来生たかお作曲／一九八二年）が発売された直後であり、その前に出された早熟な少女の内面をセンセーショナルに描いたヒット曲「少女Ａ」（売野雅勇作詞／芹澤廣明作曲／同年）の如何にも戦略的で狙いすました売り出し方に反発を覚えていたため、当時の自分は余り彼女のことを肯定的に見ていなかったのだが、そのグラビア写真には、中身のない軽薄なアイドルと簡単に切り捨てることを躊躇わせるような、十七歳にして既に何がしかの風格とオーラを感じさせる〈秘めた熱気〉の如きものが漂っており、その強い胆力の気配に妙に感心してしまったことを覚えている。

さて、三年デビューが早く、何かと明菜と比較されることが多い松田聖子が、財津和夫、大瀧詠一、呉田軽穂＝松任谷由実、細野晴臣、Holland Rose＝佐野元春、尾崎亜美、大江千里、タケカワユキヒデ、奥居香、上田知華、原田真二、竹内まりや、ＣＨＡＲＡなど、主にニューミュージック系のミュージシャンから多くの楽曲提供を受けていたことに対抗するかのように、明菜もデビュー曲「スローモーション」（一九八二年）と前出の「セカンド・ラブ」などを書いた来生たかおを始めとして、大澤誉志幸、細野晴臣、玉置浩二、高中正義、井上陽水、松岡直也、タケカワユキヒデ、加藤登紀子、坂本龍一、後藤次利、小室哲哉、織田哲郎など、多くのビッグネームとも言えるミュージシャンから楽曲提供を受けているが（細野とタケカワのみが重複している）、聖子との最大の違いはフュージョン系のミュージシャンである高中と松岡をその列に加えたことにある。高中は「十戒（１９８４）」（一九八四年）を、松岡は本曲及び同曲異詞の「赤い鳥逃げた」（一九八五年、１２インチシングル）を書いているが、いずれも編曲（高中は萩田光雄との共同編曲）を担当しただけでなく、各々のレコーディングにも参加して、ギターやキーボードを演奏している。これにより、艶やかさとラテン風の異国情緒が加わり、元々の持ち味である憂いを帯びた低音と良く伸びるビブラートを生かした高音、ドレッシーでビビッドな衣装、風雅で粋な踊りなどが相まって、明菜のステージは、エンターテナーとして他の追随を許さない独自性を獲得していくことになる。因みに、明菜のシングル盤の累計売上げ枚数のトップテンは以下の通りとなっており、その全ての作曲者が異なっているのも、ほとんど類例がない事象である。また、本曲が第二位に、「十戒（１９８４）」が第五位にランキングされていることから見ても、明菜の音楽におけるこれらの曲の重要性、そのエポックメイキングな位置付けが理解出来るのではないだろうか。

▼第一位＝「セカンド・ラブ」（来生たかお作曲／一九八二年）７６・６万枚

▼第二位＝「ミ・アモーレ」（松岡直也作曲／一九八五年）６３・１万枚
▼第三位＝「飾りじゃないのよ涙は」（井上陽水作曲／一九八四年）６２・５万枚
▼第四位＝「北ウイング」（林哲司作曲／一九八四年）６１・４万枚
▼第五位＝「十戒（１９８４）」（高中正義作曲／一九八四年）６１・１万枚
▼第六位＝「１／２の神話」（大澤誉志幸作曲／一九八三年）５７・３万枚
▼第七位＝「Ｄｅａｒ Ｆｒｉｅｎｄ」（和泉一弥作曲／一九九〇年）５４・８万枚
▼第八位＝「サザン・ウインド」（玉置浩二作曲／一九八四年）５４・４万枚
▼第九位＝「ＤＥＳＩＲＥ」（鈴木キサブロー作曲／一九八六年）５１・６万枚
▼第十位＝「禁区」（細野晴臣作曲／一九八三年）５１・１万枚

ところで、明菜と良く比較される歌手として、リアルタイムでその人気を競った聖子とは別に、デビュー時には既に引退していた六歳年長の伝説の歌手・山口百恵の存在を忘れてはならない。双方とも日本テレビ系のオーディション番組「スター誕生！」の出身者であり、なおかつ明菜が三度目の本選と決戦大会で百恵の「夢先案内人」を歌って歌手デビューを果たしたという繋がりを持っていることも見逃せないが、この二人の歌手には他にも何点かの共通項がある。まず〈陽〉と〈陰〉という分類で言えば、いずれもキャラクターとして〈陰〉即ち、翳りや憂いを持ったタイプであり、さらに当初は〈早熟な性〉を想起させる歌で売り出したものの、やがて〈ツッパリ系〉の歌に路線変更したこと、主に赤と黒の強い色調のドレッシーなステージ衣装を着ていたこと、さらに曲によって幾度となく髪型を変えてイメージチェンジを図ったこと等が挙げられるが、何より双方とも昭和の〈歌姫〉として、欠くことの出来ない重要なポジションに位置付けられることに眼を向けなければならないだろう。ただし、百恵がこれといった賞に恵まれなかったのに対して、明菜は本曲（第二十七回）と「DESIRE」（第二十八回）により、二年連続で日本レコード大賞を受賞しており、二人の栄光の形には明らかな相違がある。音楽性や歌唱力においては、明菜の方が百恵を上回っていたこともその一因であるが、百恵の時代には（沢田研二やピンクレディーなど、阿久悠らが率いるプロの仕掛人たちが演出した）強力なライバルが多く、運が無かったということもあっただろう。その代わりといっては酷かも知れないが、私生活においては、結婚願望が強かった百恵がテレビドラマや映画で共演した三浦友和と早々に結ばれて、引退・結婚のセレモニーにより、その存在を伝説に変えたのに対して、明菜は一九八九年七月に近藤真彦の自宅マンションにおいて自殺未遂騒動を起こし、そこに所属事務所の力関係の問題などが絡んだこともあり、やがて精神に変調を来すような状況に陥ってしまい、そのことが現在に至るまで、その後の歌手としての活動に少なからず影を落とす結果を生むことになる。

本曲の作詞を手掛けた康珍化《かんちんふぁ》（一九五三年〜）は、静岡県立浜松西高等学校時代に歌人・村木道彦の薫陶を受けており、早稲田大学短歌会において既にその才能を開花させていたと言われているが、そのまま歌人とはならずに、アン・ルイスの隠れた名曲「シャンプー」（山下達郎作曲／一九七九年）により、作詞家としてデビューした。康が書く詞は、どれも完成度が高く、歌謡曲のものとは思えないほど洗練されていて、叙情詩として読んでも遜色のないような味わい深さを備えている。例えば、本曲の詞では「リオの街はカーニバル／銀の紙吹雪／黒いヒトミの踊り子／汗を飛びちらせ／きらめく羽根飾り」あるいは「空に割れて飛ぶ花火／サンバのリズムが／一千一秒　ときめきを／ムダにしないでって　そう告げるの」といった描写がなされているが、これらの詞が喚起する情景は「リオの街」や「サンバのリズム」といった語彙によって、異国情緒が醸し出されていることに加えて、そこに「銀の紙吹雪」や「一千一秒」といった語彙が差し挟まれることによって、同時に純和風の要素が鏤められたものとなっている。これは、松岡の楽曲が持つラテン系の乾いた味わいと、明菜のキャラクターや細身の風貌が持つしっとりとした雰囲気の双方を生かすことを考慮した心憎い技巧であり、誰にでも簡単に真似出来るようなものではない。そもそも「歌詞と詩は別物であり、歌詞は詩であってはならない」とする立場を取る大半の作詞家の詞と康の詞が根本的に違うのは、正にこうした点にあり、恐らくそれは（早大時代の短歌は公開されていないものの）康が元々、歌人の出自を持ち、「ややよごれているガラスごしみはるかす金のむぎばた　銀の憂愁」（歌集『天唇』所収「天唇」より）あるいは「めをほそめみるものなべてあやうきか　あやうし緋色の一脚の椅子」（同「緋の椅子」より）といった陰翳の濃い斬新な歌を書いたことで知られる師・村木道彦の影響を受けたことと関係しているものと推測される。

康の代表曲には、カメリアダイアモンドのＣＭソングであり、第二十六回日本レコード大賞・

作詞賞の対象となった髙橋真梨子の「桃色吐息」（佐藤隆作曲／一九八四年）、郷ひろみの「言えないよ」（都志見隆作曲／一九九四年）及び「GOLDFINGER'99」（一九九九年）などがあるが、この他にも林哲司と組んだ上田正樹の「悲しい色やね～OSAKA BAY BLUES」（一九八二年）、杏里の「悲しみがとまらない」（一九八三年）、前出の明菜の「北ウイング」（一九八四年）、芹澤と組んだチェッカーズのデビューシングル「ギザギザハートの子守唄」（作曲／一九八三年）、岩崎良美の「タッチ」（アニメ『タッチ』のオープニングテーマ曲／一九八五年）などがあり、印象に残る色彩豊かな数多くの佳曲を残している。

一方の作曲者・松岡直也（一九三七年～二〇一四年）は「松岡直也&ウィシング」などのバンドを率いたラテン系フュージョンミュージシャン・ピアニストとして知られているが、アルバム『九月の風～通り過ぎた夏～』が大ヒットを記録するなど、インストゥルメンタル音楽の世界において輝かしい実績を持つ一方で、ゴールデン・ハーフの「黄色いさくらんぼ」（一九七〇年）や青い三角定規の「太陽がくれた季節」（一九七二年）などの編曲、CM音楽を手掛けるなど、商業音楽の裏方としての活動も盛んに行った。康は当初、本曲に「赤い鳥逃げた」の詞を付けたものの、内容がシングルに不向きとの理由で本曲の詞に書き改められたという経緯があるが、松岡は本曲のヒットの後、ボツになりかけた「赤い鳥逃げた」の詞を生かし、軽快なロング・ヴァージョンにアレンジし直すという〈遊び心〉を見せている。

⑳六本木純情派♪（一九八六年＝昭和六十一年十月）

日本国内で最初の音楽ＣＤが世界に先駆けてＣＢＳソニー・ＥＰＩＣソニー・日本コロムビアから、同じく最初のＣＤプレイヤーがソニー・日立・ＤＥＮＯＮ（＝日本コロムビア）から発売されたのは、一九八二年十月一日のことであった。ただし、技術革新期の普及の様相の常として、旧来の製品がすぐに表舞台から去った訳ではなく、一九九〇年頃まではレコード（ＥＰ盤・ＬＰ盤）や（コアなファン層向けのものでない一般的な）レコードプレーヤーも並行して製造・販売が続けられており、約八年間は両者の商品が併存する状況となっていた。その後、その大半が系列グループ法人となっていた音響機器メーカーとレコード会社の総意により、レコードの生産シェアは徐々に縮小されていき、最初の登場から四年後の一九八六年になって、初めて販売総数ベースで音楽ＣＤがレコードを上回ることとなる。本曲は正にその技術革新の過渡期の只中において発売されたものであり、一九七九年に登場した携帯型音楽プレーヤーやレンタルレコード・ＣＤショップなどの普及により、消費者がオリジナル音源を購入しなくとも容易にその複製を入手出来るようになった影響もあって、レコード等が売れにくくなり、音楽業界全体が苦境に陥り始めていた時期とも重なっている。

さて、そうした音楽ソフトの流通媒体とハード（再生・録音）機器などの技術革新にもとづき、音楽の消費形態そのものが激変していく中で、荻野目洋子は「ユーロビート」と呼ばれるダンスミュージック調の曲で人気を博し、容姿・歌唱力に加えて、それまでのアイドルとは一線を画すようなプロ顔負けの切れのある踊りを見せることによって一世を風靡した。その最盛期の華やかなステージの賑わいは、イギリスのクラブシンガーであったアンジー・ゴールドによるディスコ調のヒット曲「Ｅａｔ Ｙｏｕ Ｕｐ」をカヴァーし、３２・４万枚に及ぶ売上げを記録した最大のヒット曲「ダンシング・ヒーロー」（一九八五年）と、その翌年に発売され、これに次ぐ２６・１万枚を売上げた本曲に負う部分が大きく、両曲は平成時代に入ってからの（これも洋楽及びこれをカヴァーした西田佐知子のカヴァーである）ヒット曲「コーヒー・ルンバ」（一九九二年）と共に、やがて彼女の代名詞と言えるものとなる。今思えば、その歌唱スタイルは、昭和末期の（丁度、崩壊直前の高揚期に当たっていた）バブル経済の上昇局面における地価や株価が高騰し始めた時期の社会状況に良くマッチしており、昭和歌謡の舞台を担った多くの女性歌手が持つ〈作為的な可愛さ〉や〈陰翳〉といったものが微塵も感じられない荻野目や、荻野目と同様にディスコ調の洋楽のカヴァー曲「ＳＨＯＷ ＭＥ」により、１９・７万枚のヒットを生んで脚光を浴びた森川由加里などの存在は、あらゆる意味でかつて誰も体験したことのない特殊な状況下において出現し、バブル経済の崩壊と共にその勢いを失っていった極めて刹那的な〈邯鄲の夢〉であったのかも知れない。

本曲の作詞者・売野雅勇（一九五一年〜）は、当初、東急エージェンシーなどの広告代理店に勤務し、コピーライターなどを生業としていたが、一九八一年、麻生麗二名義でシャネルズの二枚目のアルバム用の曲として提供した「星くずのダンス・ホール」により、作詞家としてデビューした。その翌年、中森明菜の二枚目のシングル「少女A」（芹澤廣明作曲／一九八二年）のヒットにより注目され、芹澤と組んで一九八四年から一九八六年にかけて、初期チェッカーズの大半の曲に詞を提供したことにより、一躍その名を知られるようになった。この他の代表曲に、資生堂のCMソングであったシャネルズ改めラッツ＆スターの「め組のひと」（井上大輔作曲／一九八三年）、先に挙げた「少女A」のヒットで信頼を得たワーナーパイオニアの島田雄三ディレクターのプロデュースにより、いずれもミュージシャン系の作曲者たちと組んで中森明菜に提供した「1／2の神話」（大沢誉志幸作曲／同年）、「禁区」（細野晴臣作曲／同年）、「十戒（1984）」（高中正義作曲／一九八四年）、旧国鉄（現JR）のキャンペーンソングであった郷ひろみの「2億4千万の瞳（エキゾチック・ジャパン）」（井上大輔作曲／同年）などがあるが、その累計売上のトップ3を見ると、いずれも芹澤と組んで初期のチェッカーズに提供した「ジュリアに傷心」（同年、70・3万枚）、「涙のリクエスト」（同年、67・2万枚）、「哀しくてジェラシー」（同年、66・2万枚）となっている。

ところで、売野の作風は「Wow Wow Jealousy」「Saturday Night」「Teenage dream」「Cry cry cry」など、誰にでも意味が分かるような英語を歌詞の中に多用していることや、心破れた純情な少年・少女の〈虚勢〉や〈一途な思い〉や〈内面の叫び〉といったものを、ドラマティックに表現したことによって特徴付けられ、冒頭から英語の「You've broken my heart」という歌詞で始まり、雨の中、高速道路のパーキングエリアにおいて「あの人」の車から飛び出し、遊び慣れた六本木の街角を彷徨っているうちに「街のピンナップボーイ」や「閉じたシャッターに並んでもたれた知らない子」との一時の交流に慰撫されながら、空元気を出している〈失恋した少女の姿〉を描いた本曲もその例に漏れない。また、本曲の歌詞の中でその叙情性が一番際立っているのは、二番の最初のサビの部分に登場する「私見かけだおしで　ごめんね」という部分である。これは「気軽に声を掛けられるような遊び人でもワルでもなく、むしろ純で無粋なキャラクターでごめんね」といった程度の意味であり、人間の心情がしばしば〈落差〉や〈想定外の事態〉といったものに惹き付けられてしまう〈ドラマの法則〉に従った定石の歌詞であるとも言える。同様に、中森明菜の「十戒（1984）」における「優しさは軟弱《きよわ》さの言い訳なのよ」とか「優しいだけじゃもう物足りないのよ」といった歌詞も〈優しさ〉を善とする価値観に対して〈想定外の事態〉を提示し、〈落差〉を演出する企図があるのだろう。後に293・6万枚を売り上げたサザン・オールスターズの大ヒット曲「TSUNAMI」（桑田佳祐作詞作曲／二〇〇〇年）における「本当は見た目以上／涙もろい過去がある」という歌詞もその類似例と言えるが、売野はこのように我々の心情に訴えかける〈ドラマの法則〉を知り尽くしており、これを効果的に歌詞の中に生かすことによって、音楽の消費形態の変革期の舞台に登場し、栄枯盛衰の物語の序幕に当たるバブル経済の上昇局面において活躍したアイドル歌手たちに眩い輝きと華やかな彩りを与えた。

あとがき

今回、敢えて自分が昭和歌謡をモチーフとした試みに取り組もうと思ったのには、いくつかの理由がある。その一つは、かつて谷川俊太郎が「世界へ」(『ユリイカ』一九五六年十月号所収)において「少々大げさにいえば、現在の日本の流行歌には、すべての詩人が責任を負わねばならないのだ。」と書くことによって、人々の心に届くような言葉を書き得ない詩人の閉鎖性を激しく非難していたことがあり、これを大学生の頃に『現代詩文庫』(思潮社)で最初に読んだ際の衝撃が自分の中に長く存置されていたためである。谷川はこれに続く部分で「いいたい放題をいって自らの告白癖や主張癖を満足させる前に、詩人にも、他のすべての職業の人間と同様に、人々を生かすという責任のあるのを忘れてはならない。」とも書いていたのだが、自分はこれらの極めて刺激的で挑発的な言葉に出会った時、「詩人はもっと流行歌の存在を尊重すべきであり、時代の要請を鋭敏に察知するプロフェッショナルたちが人々の心を巧みに捉えてヒット曲を生み出していく様相をきちんと正視すべきではないのか?」との感慨を持った。しかしながら、現実には谷川自身や寺山修司など、ごく一部の例外を除いて、現代詩と歌謡曲との間には、事実上ほとんど接点がなく、現代詩人たちは概して歌謡曲を大衆向けの一段低いものと見なしてこれを遠ざける傾向があり、一方、ヒット商品を生み出すプロとしての矜持を持つ作詞家たちは、決して商業ベースに乗ることのない極めて閉鎖的な現代詩を、社会の潮流や大衆の心に対峙していない無用の産物と考えており、どちらかと言えば嫌悪している傾向があるのではないだろうか。その関係性は互いにパラレルなものでしかなく、決して交わろうとしないそれらの関係を、ここで何とか自分が変えることは出来ないだろうか、と考えたことが最初の動機である。

また、故・阿久悠、なかにし礼、千家和也、康珍化などのプロの作詞家たちが成し遂げた多くの仕事に対して、自分自身が長く畏敬の気持ちを持っており、その歌詞を論じることによって、彼らの功績を明らかにすると共に、その金字塔とも言うべき数々の成果に対して、仮に自分が同じ楽曲を与えられたとしたならば、こんな風に書いてみたいというカヴァー詞（替歌）を創ることによって、偉大な先達にオマージュを捧げてみたいと考えたことが二番目の動機である。ただし、このカヴァー詞については、大半の作詞家・作曲家（故人である場合には、その権利承継者）及び彼らから著作権の譲渡を受けてこれを管理している音楽出版社の方々の同意を得ることが出来ず、唯一同意を頂くことが出来た「陽かげりの街」を除いて、その他の全ての楽曲につき、これを掲載することが出来なかった。著作権法第二〇条（同一性保持権）において、著作者人格権の一つとして、「作者の意に反する改変をされない権利」が保障されている以上、現存する作詞家・作曲家自身から断られてしまえば、これに従うしかないことは自分も理解しているが、中には作者が鬼籍に入っているものにつき、客観的なエビデンスなどにより、その真実性を確認する術がない中で「生前、〇〇先生は、一切替歌を許可していなかった」という伝聞を根拠として断って来たり、（極めて協力的で、丁寧な対応をして頂いた方もいらっしゃった一方で）著作権を譲り受けた音楽出版社の担当者自身が、作者に照会することすらせずに（本来、作者の一身に属するものであり、譲渡することが出来ないはずの）著作者人格権を行使して断って来たりしたものがあったように思えたのは、正直な所、心外であった。あるいは、自分自身も現代詩人の一人として、彼らの嫌悪の対象とされ、遠ざけられてしまっただけなのかも知れないのだが、少なくとも自分は作詞家たちに対する愛と畏敬の念（と多少の遊び心）を持ってそれらのカヴァー詞を書いたため、十九曲もの渾身の創作が幻となってしまったのは、残念でならない。

さらに、敢えて平成時代に入ってからのものを除外し、昭和の歌謡曲に対象を限定したのは、昭和と平成の間にある文化や社会現象の断層のようなもの、その大きな差異性の本質は何なのか、という疑問に対して、自分なりにアプローチしてみたいという気持ちがあったからである。例えば、アイドル歌手のプロデュースの仕方などに目を向けてみると、一九八〇年代後半に大きな転換が見られることが分かる。かつて昭和の時代のアイドルは、山口百恵にしろ、松田聖子にしろ、中森明菜にしろ、（いくつかの例外を除いて）基本的に皆、一人だけで勝負していたように思うが、ＳＭＡＰが登場した一九八八年頃から現在に至るまで〈リスク分散〉と〈効率重視〉のために、そのほとんどがグループとなってしまっている。これは、経済的な観点からは一つの進歩と言っても良いのかも知れないが、文化的には明らかに後退であろう。それは基本的に並外れた個性といったものを認めようとしないプロデュース方法であり、アイドルたちは常に「人数分の一」の責任を負えば良く、グループの調和を乱さない程度の「ささやかな個性」が許されるだけの存在に過ぎない。そして、その「ささやかな個性」の相乗効果により、グループ全体が認知され、楽曲が売れれば成功という方程式により、数多くの歌手が登場してはいるものの、彼らの個性は常に一定の枠組みを超えないように慎重にコントロールされており、時に「バラ売り」が許容されるものの、決してグループイメージの枠組みをはみ出すようなことはさせてもらえない。それゆえ、彼らが歌う楽曲は基本的に全て「当たり障りのない」無難なものとなっており、時代を牽引したり、切り開いたりするようなものとは言い難く、今後、長く愛唱されるようなものになるとは考えにくい。ハッキリ言うと、平成の現在は（宇多田ヒカルのような本物のアーティストは別として）歌手に限らず、全ての表現世界において、強烈な個性というものを抹殺してしまう傾向にあるのではないだろうか。それは飲食や服飾などの小売り店舗の様相などにも顕著に表れており、かつてのような個人経営の店は余程優れた技術や仕入先、販路などを持っていない限り、基本的に成立しなくなり、大都市でも地方都市でも「安全性」「均質性」「効率」「安価」（差別化のための「高価」もあるが）などを旨とする大規模資本の運営によるチェーン店ばかりが幅を利かせるようになってしまった。それらは確かに経済の仕組みとしては優れているのかも知れないが、そもそも人間本来が持つ個性を抹殺し、これに距離を置くことによって成り立っており、本当の「豊かさ」とは言えないのではないだろうか。

つまり、自分がここで昭和歌謡を取り上げようと考えた三番目の動機は、平成の現在よりもずっと個性が尊重されていたように思える昭和時代（と言っても、自分が全く知らない時代の曲を取り上げる訳にもいかず、一九六〇年代以降の後期のものとなった）を追慕することを通じて、平成の現在の文化や社会の状況を打ってみたいと考えたからである。言うまでもなく、経済の仕組みは簡単に逆戻り出来るものではないし、昭和時代の全てが良かった訳でもない。それでも、昭和の流行歌につき、きちんとその功績を讃えつつ、分析的に振り返ってみることは、恐らく決して無駄なことでは無いはずだ。

平成二十八年　盛夏

秋川久紫

【主要参考文献】

阿久悠著「愛すべき名歌たち」（1999年 岩波新書）
阿久悠著「夢を食った男たち」（2007年 文春文庫）
阿久悠著「作詞入門」（2009年 岩波現代文庫）
島崎今日子著「安井かずみがいた時代」（2015年　集英社文庫）

【著作権許諾の表示】

昭和歌謡選集［Limited Edition］

発行日：2016 年 9 月 30 日　初版発行
著　者：秋川 久紫（あきかわ きゅうし）
Mail Address：kyushi@jcom.home.ne.jp
カヴァー・表紙デザイン：倉澤 斉
発行所：ブイツーソリューション
〒466-0848　名古屋市昭和区長戸町 4-40
電話 052-799-7391　FAX 052-799-7984
発売元：星雲社
〒112-0005　東京都文京区水道 1-3-30
電話 03-3868-3275　FAX 03-3868-6588
印刷所：藤原印刷
ISBN978-4-434-22371-6